茶熟香温读沈阳

沈水书坊

侯宁 著

巨变观澜

沈阳出版发行集团
沈阳出版社

图书在版编目（CIP）数据

巨变观澜 / 侯宁著 . —沈阳：沈阳出版社，
2019.8
（沈水书坊）
ISBN 978-7-5441-9854-7

Ⅰ . ①巨… Ⅱ . ①侯… Ⅲ . ①故事—作品集—中国—
当代 Ⅳ . ① I247.81

中国版本图书馆 CIP 数据核字（2018）第 266333 号

出版发行：沈阳出版发行集团|沈阳出版社
（地址：沈阳市沈河区南翰林路10号 邮编：110011）
网　　址：http://www.sycbs.com
印　　刷：辽宁泰阳广告彩色印刷有限公司
幅面尺寸：130mm × 190mm
印　　张：6.125
字　　数：82千字
出版时间：2019年8月第1版
印刷时间：2019年8月第1次印刷
责任编辑：赵长伟
封面设计：R润泽文化
版式设计：R润泽文化
责任校对：邵彤彤
责任监印：杨　旭

书　　号：ISBN 978-7-5441-9854-7
定　　价：39.80元

联系电话：024-24112447
E - mail：sy24112447@163.com

总 序

初国卿

“沈水书坊”是沈阳出版社精心策划的一套地域文化小丛书。丛书中的每一本都集中一个方面的选题，小角度，大视野；小题目，大纵深，融地方性、知识性、趣味性和浅学术性为一体，为读者提供了不同于以往的了解沈阳的阅读文本和文化视域。

将此套书名之“书坊”，主要是体现在它新颖的策划和独特的制作过程。“书坊”本就是古时印刷并出售书籍的地方，抑或称之为“书林”“书堂”“书棚”“书铺”者，但更多的是泛称“书坊”。如朱熹在《答胡季随书》中说："误本之传，不但书坊而已，黄州印本亦多有。"《儒林外史》第十四回说："马二先生上船，一直来到断河头，问文瀚楼的书坊。"早年沈阳城里也多有"书坊"，如曾经编校刊刻《红楼梦》的程伟元，1817年左右就在沈阳兴办了"程记书坊"，刻印了许多子弟书。如今"沈水书坊"在继承与发扬传统文化的基础上，着意于现代策划与制作手段上下功夫，推出第一辑五种作品，无疑是"弘扬沈阳文化，讲好沈阳故事"的有益尝试。

"沈水书坊"第一辑共五种，每一种6—8万字，小题目，短篇幅，叙事单一，适合阅读。这五种是：《盛京瓷话》《沈水散叶》《紫气东来》《沈水听涛》《巨变观澜》。

《盛京瓷话》以历史发展为序，勾勒出了沈阳在中国陶瓷史中的独特地位：有着7000年的制陶史，发现了3000年前的古窑址，走出了中国"陶圣"唐英，成就了"辽瓷之父"金毓黻，诞生了民国时期首屈一指的中国机器制瓷企业肇新窑业。在现代陶瓷产业中，南有"中国瓷都"景德镇，北有"中国瓷谷"沈阳法库。

该书将沈阳陶瓷史上最可述说的历史与人物都做了散点式的描述，从中可清晰地读到沈阳陶瓷的发展脉络。

《沈水散叶》以刘义庆《世说新语》、郑逸梅《林下云烟》、余世存《非常道》等书为摹本，选取沈阳人精彩的言行和在沈阳土地上发生过的历史瞬间，以小故事、笔记体的形式，分类分细节展现沈城历史名人的精神要素，并加以主题化的阐释与解读，不失为一部萃集着沈阳历史名人言行的好看、好玩、好记的作品。

《紫气东来》以沈阳故宫为主题，展示近400年来丰富的物质和非物质文化遗产，将沈阳故宫的文化与历史以散文随笔的形式娓娓道来，内容包括皇家建筑、名人轶事、民俗文化、典藏文物和文化随想等，不仅抒发了故宫人对沈阳故宫的情感与热爱，同时也会使更多读者通过文字了解沈阳故宫，走进沈阳故宫，并因此关注和喜爱这处世界文化遗产，进而更加热爱中国古代历史与灿烂文化。

《沈水听涛》以评论和随笔的形式回顾与述说了沈阳舞台艺术的多姿多彩：如京剧从“关外唐”的艺术风范，到《将军道》的舞台力作；评剧从“韩花筱”三大流派的形成，到《我那呼兰河》的卓有建树；话剧从深得周总理关怀的《兵临城下》，到名扬九州的《搭错车》等“探索三部曲”；杂技从蔡少武的飞车绝技，到《天幻》《龙幻》的全球足迹……数尽沈阳的舞台艺术发展历史，令人耳目一新。

《巨变观澜》侧重从工业文化的角度，回顾沈阳工业发展的不平凡的历程和对共和国的巨大贡献。作者从中国工业博物馆的具体藏品入手，展开对沈阳工业发展的真情回顾，其中不乏对老一辈工人阶级的讴歌和怀念，对劳模精神、工匠精神的提炼和升华，对波澜壮阔的大工业生产的细致描述，充满珍藏过去、展示未来的人文情怀。

相信“沈水书坊”第一辑的丰富内容与简约精巧的写作方式，能获得读者的喜欢。同时我们也期待“沈水书坊”能不断推出更多更好的选题，为沈阳的文化繁荣，做更多的贡献。

自序

我是土生土长的沈阳人，家住铁西，从小听着长辈讲沈阳的故事、看着沈阳的变化长大。沈阳的发展是新中国工业发展的缩影，是新中国工业史中浓墨重彩的篇章。

说起新中国工业发展史，东北老工业基地具有独特的地位。东北老工业基地不仅有力地支援了全国的解放战争和抗美援朝战争，也为全国工业体系的形成做出了历史性的贡献。中华人民共和国成立之初，东北老工业基地的重工业曾经占全国重工业的90%，苏联援建的156个项目，东北占58项。在东北，装备制造业最集中的是沈阳，沈阳有“装备制造业之都”“共和国工业的长子”的美称。在沈阳，最有代表性的工业区是铁西，铁西被称为“重型工业的摇篮”“机床工业的故乡”，不仅在“一五”“二五”期间为新中国的发展做出了历史性的贡献，更在改革开放新的历史背景下发挥了中流砥柱的作用，创造过500多个“中国工业第一”，孕育出100多位全国劳动模范，是劳模精神的重要发祥地，是新中国工业文化发育的沃土。在企业搬迁改造过程中，沈阳市对工业遗产的保护、工业文化的挖掘、工业精神的传承高度重视。沈阳铸造厂、沈阳重型机械厂、沈阳啤酒厂、沈阳电缆厂等一批重要的工业遗产得到保护，并在沈阳铸造厂的原址，建起了目前中国最大的综合类工业博物馆——中国工业博物馆。这一切都为本书的写作提供了基础。

本书就是在长期积累和充分搜集素材的基础上，侧重从工业文化的角度挖掘和书写家乡故事。书中不仅记录和概括了大的历史背景下沈阳悠久深厚的工业文化内涵，更细腻而深情地记录和讲述了劳模大道和11位全国劳动模范发扬工匠精神、刻苦攻关、勇攀技术高峰的故事，以小见大，诠释沈阳作为伟大劳模精神的发祥地，沈阳工人阶级无私奉献、勇于担当、团结协作、为国争光的博大胸怀和崇高境界；此外，本书还首次讲述了沈阳在挖掘工业文化、保护工业遗产、收藏工业藏品、传承工业精神中的故事。作为中国工业文化的殿堂，坐落于沈阳的中国工业博物馆收藏了27个省市的30000余件工业藏品，已经成为讲述工业历史、普及工业知识、传承工业精神的重要基地和窗口，每一件藏品背后都有一段动人的故事。

全书以工业文化为主线，通过点面结合的方式，讲人、讲物、讲事，讲述沈阳辉煌的创业历史、灿烂的工业文化、宝贵的劳模精神，激励我们不忘初心，牢记使命，以满满的文化自信投入到实现伟大中国梦的奋斗中。

作者简介

侯宁，女，毕业于北京师范大学，硕士研究生，副研究馆员，中国发明协会会员、北京发明协会评审专家。发表论文十余篇，拥有数十项国家专利，长期关注工业遗产保护和工业文化研究，参与国家工业文物鉴定标准制定。

目 录

让我们从这里走进沈阳工业百年起端，聆听苦难与新生；让我们从这里走进新中国工业体系建设的历程，看看共和国长子的英姿；让我们从这里走进中国改革开放四十年，感受巨变波澜、创新发展。这里浓缩着波澜壮阔的中国工业史诗；这里凝练着中国特色的优秀工业文化；这里充满着走进新时代的中国人民的自豪与自信。

——博士、教授级高级工程师 成森

时代变迁

从1905年现代工业萌芽的出现，到先进装备制造业基地的崛起，沈阳工业已走过百年历程。一个多世纪以来，沈阳承受了战争掠夺的苦难，铸就了共和国工业长子的辉煌，经历了改革转型的跋涉，发生了浴火重生的巨变。沈阳，就是中华民族抗争、奋斗、生存、发展、壮大的缩影。

据载，1938年至1944年间，日本在沈阳建厂323个，这些工厂掠夺中国资源，其产品主要为日本侵华战争服务。与此同时，民族工业也在夹缝中艰难生存。曾被张作霖任命为东北空军司令的冯庸，怀着工业救国的理想，举全部家产在铁西地区创办冯庸大学及工厂，致力于培养工业人才，发展民族工业，成为沈阳民族工业的代表人物之一。

1945 年日本投降，苏军接收在沈的日资企业，拆卸运走了企业 80% 以上的设备和遗留的原材料、产品。

1948 年 11 月，终于回到人民怀抱的沈阳，基本上是一片废墟。这片土地上的工人在中国共产党领导下掀起了恢复生产的高潮。他们虽然连维持温饱都困难，但却以主人翁姿态，把自己家的工具献给工厂，边恢复边生产，在艰苦的工作环境下创造了一个又一个奇迹，新的工业逐步在这片废墟上建立起来，为国家重点工程建设配套发挥了重要作用。

之后刚刚恢复生产的沈阳又对全国的解放和抗美援朝战争做出了很大贡献。

国家对沈阳进行了有计划的改造和调整，将铁西列入重点改造工业区。在“一五”“二五”期间，国家虽然百废待举，却将六分之一的财力倾注于铁西，使铁西逐步成为以装备制造业为基础的工业门类较齐全、大中型企业较集中、配套能力较强、产业基础强大的新中国工业基地，发展了一大批全国甚至世界领先的代表性企业。

中华人民共和国成立后的沈阳，经过四十多年的艰苦努力，至九十年代初，在全国工业城市中已具有五大优势，即产业基础、产品系列配套、市场辐射、产业集群和科技优势。在制造业中，沈阳创造了无数个中国工业史上的辉煌；工人齐心协力大搞技术革新，生产出一大批共和国的“第一”；几十种产品产量在全国处于领先地位，并走向世界；涌现了一批全国、省、市劳动模范；培养了一大批企业管理和技术人才。

这里，不能忘记的是，在国有大中型企业改造过程中，工人所经历的下岗、失业，对一个企业来说，那是阵痛，而对一个工人和他的家庭来说，那就是命运的转折……然而，那已经成为过去。凭借老工业基地传统和顽强的生命力，沈阳走过了那段艰难时期。十余年间，沈阳完成了德国鲁尔、法国洛林等著名老工业区历时三十多年得以完成的改革，折射出一个飞速前进的改革开放的时代缩影。

百年记忆

2009年，由《羊城晚报》等32家报网主流媒体联合评选的“大国印记：1949—2009中国60大地标”中，沈阳铁西新区入选，同时入选的还有天安门、大庆、红旗渠、三峡工程等。回望沈阳的工业发展历程，有一个地方是绕不过去的，这就是铁西。

在中国工业博物馆铁西馆的正厅，大型紫铜锻造浮雕——铁西百年记忆，形象地再现了铁西100多年来的发展历程。

在一枚国徽的下方写着“1948 年 11 月 2 日”的字样，这是沈阳解放的日子，饱受沧桑的沈阳从此属于人民。沈阳的工人阶级以主人翁的身份，在共产党的领导下，恢复生产重建家园，支援全中国的解放，支援抗美援朝战争，在“一五”“二五”期间，硬是在废墟上，把这里建成了全中国的重工业基地。

沈阳为共和国创造了数百个“第一”，仅铁西的企业支援三线建设就涉及 29 个省市自治区、121 个县市，派出工程技术人员 23000 多名，援建企业 300 多个，代培技术骨干 13000 多名，沈阳成为名副其实的共和国工业长子、中国重装工业的摇篮和中国机床工业的故乡。

1978 年改革开放，沈阳又是走在前面，金杯汽车的股票、沈阳电缆厂的租赁承包合同、沈阳防爆电器厂的破产批文，无不是沈阳工业改革探索的成果，为全国工业改革开辟了一条新路，沈阳的工业在艰难的探索中前行，铁西肩负重任。

2002 年 6 月 18 日，又一项伟大的探索在老工业基地铁西启程，铁西区与沈阳经济技术开发区合署办公，从此开始了东北振兴领跑的伟大征程：天变蓝水变清，企业重组产业升级，百万吨级的压缩机组、全系列的盾构机、超高压的变压器……

历数中华人民共和国成立以来，铁西企业为涉及国民经济命脉的基础产业和国内外重大工程提供的核心装备与关键部件比比皆是——

中华人民共和国成立初期：武汉长江大桥、包头钢铁公司、大庆油田。

20 世纪 90 年代：黄河小浪底工程、秦山核电站、葛洲坝工程。

新世纪：武汉长江过江隧道、三峡工程、上海磁悬浮铁路、青藏铁路。

即使是在“文革”时期，铁西也克服困难，是国家许多大型工程的坚强后盾，为之提供设备和技术力量。这些大型工程，哪一个不是惊天动地，哪一个不是名垂青史？

百年铁西，值得记下的太多太多，站在这铜雕面前，铁西的百年像铁流一样滚滚涌过，这铁流中，哪一滴铁水不是铁骨铮铮？透过这紫铜浮雕，我看到了无数普通人勤劳、憨厚、质朴的脸——他们不仅创造了值得记忆的百年辉煌，他们仍在创造让人期待的光明未来。

工业第一

打开历史的长卷，我们看到沈阳创造了太多的“共和国工业第一”，中国工业最强的脉搏在这里跳动，中国工业最新的纪录在这里创造。

从武汉长江大桥到京九铁路，从三峡工程到西气东输都有沈阳企业做出的贡献；在鞍钢，百万吨乙烯和海上石油钻井平台等国家基础产业中，沈阳企业发挥了重要作用；人民大会堂、“鸟巢”“水立方”等国家标志性建筑上，都有沈阳产品的身影。

1949 年，在废墟上重建的沈阳，工人们炼出了“第一炉钢”，奠定了共和国的工业基础，让人们看到了建设新中国的希望。1953 年，沈阳试制成功中国第一台 2 万千伏安巨型变压器。1956 年，沈阳试制成功第一个为解放牌汽车配套的仿 3−C7−84 型蓄电池。1960 年沈阳试制成功我国第一台电机与风机主体直联传动的“二合一”矿井轴流通风机。1970 年，沈阳制成我国第一台自行设计的 20 米塔用轴流风机，使我国风机制造工业跨进了世界先进行列……据不完全统计，1949 年至 1978 年间，沈阳在工业领域创造了 500 余项“全国第一”。

1997 年，沈阳正经历着改革的阵痛，但他仍制造出第一台 300 兆瓦核电站主泵。2001 年第一条世界领先的磁悬浮列车轨道梁加工生产线，2007 年最大直径的盾构机……沈阳的传奇仍在书写。

大型、高科技、最尖端的领域也有沈阳的贡献。沈阳先后为我们国家的“两弹一星”、神舟载人航天工程、嫦娥探月工程、“辽宁号”航空母舰、“蛟龙号”载人潜水器以及导弹、飞机和潜艇制造等涉及国家安全的重大工程做出了历史性贡献。这些重大工程的核心产品或关键部件许多都是沈阳研发制造的。

从国家“一五”“二五”计划时期铸就共和国工业长子的辉煌，到经济体制改革中的艰难跋涉，到实现老工业区浴火重生的沧桑巨变，沈阳走过了艰苦卓绝、波澜壮阔的发展历程，见证了砥砺奋进、自强不息的不朽历史，在中国工业发展史上留下了传奇般的辉煌与荣光。

援建硕果

在一份题为《铁西援建国内企业总体情况》的表格内，清楚地表明，从 1950 至 1989 的 40 年间，铁西有 48 家企业支援了国内 526 家企业建设，其中全厂搬迁 3 家，包建新厂 23 家，先后派出 23000 多名企业管理干部、工程技术人员和生产骨干，为兄弟企业代培各类骨干 13000 多名。

沈阳刚刚在战后的废墟上勉强让机器转动起来，就开始援助其他地区了。著名全国劳动模范马恒昌就是最早离开家乡北迁的。

1950年9月，庆祝共和国建国一周年的前夕，马恒昌还代表沈阳第五机器厂出席第一次全国工农兵劳动模范代表会议。仅仅一个月后，抗美援朝战争爆发，遵照党中央和政务院的命令，将工厂的一部分向北迁移。马恒昌小组顾全大局，第一个报名，第一批北迁来到齐齐哈尔。

当时的齐齐哈尔郊区野狼出没，夜班工人为了驱赶野狼，都在自行车上拴个铁桶，一边骑车一边“丁丁当当”地敲。10月的北国已经开始了迈向冬天的脚步，天气一天比一天冷……在这样的艰苦条件下，工厂仅用79天就完成了北迁建厂任务，在一年当中最寒冷的日子开工生产了！当年完成了军工急需的弹头机、火帽机等机械设备的制造工作。

20世纪五六十年代，中国面临的形势极为严峻，欧美对中国实行经济封锁，国民党反攻大陆跃跃欲试，不久中苏关系又出现裂痕……国际局势的走向非常复杂，战争的硝烟始终没有远去。

而中国刚刚恢复的主要工业基地集中在东北地区，一旦战争打响，这点薄薄的家底儿就面临着巨大危险。所以党中央决定要把主要工厂搬迁到三线地区。

这种为避开战争破坏而划分出的“三线”是相对而言的。东南沿海及边疆地区为一线，与之相近的省份为二线，三线即中西部地区的13个省、自治区。其中，重庆、贵州、四川中部平原地区三线企业数量最多，规模最大。据统计，1964年到1978年开展的以战备为指导思想的三线建设，重点是大规模的国防、科技、工业、能源和交通基础设施建设。它历经了三个五年计划，投入资金2052亿元，共审批大中型建设项目1100多个，高峰时投入人力400多万人。1973年，中央曾强调：建设贵阳、重庆、安顺、绵阳四个重点城市，这四个城市成了全国“三线企业”的核心。

沈阳，以无私奉献的精神，承担起援建国内各兄弟企业的重任。从1950年部分工厂北迁，到20世纪六七十年代支援三线，沈阳以“好人、好马、好设备”向全国各地援建了众多企业，足迹遍布29个省（市）

和自治区的 121 个市县，为国家建立完整的工业体系做出了历史性贡献。

援建形式包括包建新厂，车间或生产线整体划拨，提供成套设备（包括单一关键设备），输出管理干部、工程技术人员和生产骨干，提供整套产品工艺图纸等技术资料，代培人员等。

一大批沈阳工人奔向祖国西部，以“共和国工业长子”的情怀，与所有三线人共同铸就了“献了青春献终身、献了终身献子孙”的“三线精神”，为新中国国防工业建设和国家工业总体布局做出了历史性贡献。

在支援“三线”建设过程中，沈阳矿山机器厂、沈阳鼓风机厂、沈阳气体压缩机厂、沈阳铸造厂、沈阳标准件厂等一批企业，为兰州石油化工厂建设输送了管理人员、工程技术人员以及生产骨干千余人，提供产品设计图纸千余件。

天水星火机床厂是“三线”建设的重点工程，沈阳第一机床厂积极响应国家号召，将大型卧式车床生产线整体迁移至甘肃天水的深山峡谷，出人、出技术、出设备，通过人力和手推车，包建了天水星火机床厂。

除此之外，沈阳还包建了豫西机床厂、陕西鼓风机厂、陕西压延设备厂、自贡特殊泵厂、甘肃天水水泵厂、兰州高中压阀门厂、桂林橡胶机械厂、益阳橡胶机械厂、宝鸡桥梁厂、贵州航空电器插销厂等 23 家新企业。

这是一段普通人创造的历史，这是一段共和国不能忘却的岁月。三线是现代中国的第一次对西部开发，成就了西部的国防工业和研发基础。通过几十年的不懈努力，在我国的中西部地区形成了较为完备的工业体系和交通等雄厚的基础设施，为中国中西部地区的工业化做出了卓越贡献。

在沈阳与全国各地援建企业的帮助下，过去几十年里，许多受援企业实现了快速发展，并且在市场经济体制下成功转型，成为所在省市工业格局的重要支撑，有的已成为涉及国家安全与国民经济命脉的大型骨干企业，有的已跻身国际一流行列。沈阳多家企业共同援建的第一重型机器厂（现中国第一重型机械集团公司）、第二重型机器厂（现中国第二重型机械集团公司），均已发展成为中央管理的涉及国家安全和国民经济命脉的国有重要骨干企业。沈阳第一机床厂包建的天水星火机床厂（现天水星火机床有限责任公司）已发展成为世界规模最大、规格最全的卧式机床制造企业。沈阳多家企业共同援建的兰州石油化工厂（现中国石油兰州石油化工公司）已发展成为我国西部地区最大的石化企业。

当时沈阳为各地输送的很多技术工人，不仅把沈阳的工业文化传遍东北，更随着支援三线建设的脚步走向全国。

工业组雕

2012年的一天，铁西区建设大路原纺织机械厂的旧址上突然出现一面锈迹斑斑的墙，上面镶嵌着众多老企业的名字：冶炼厂、铸造厂、变压器厂、机床厂、电缆厂、鼓风机厂……这份“铿锵名录”上的名字都曾经是新中国的栋梁！看着看着,我的眼泪忽地就涌上来了，多熟悉的名字啊！那些年月，正是有了这些企业，这片热土才热火朝天。当初，听说冶炼厂要西迁，有人曾感叹：那么大个厂，说没就没了！有人曾断言，冶炼厂原址的土地，挖下去10米都是污染的，不适合人居……

然而，沈阳虽然西迁了所有大型企业，但老沈阳的精神还在，老工业基地的韵味仍存。建设大路工业文化走廊上的9座标志性雕塑：《力量》《晨曲暮歌》《铿锵名录》《雪花（1933）》《机床（1972）》《孵化》《印刷乐章》《工业魔方》《速度》，从不同侧面反映沈阳工业文化厚重的底蕴与积淀，以景观语言，将老工业基地的工业记忆展现，唤起人们对辉煌的记忆与感知，用现代都市的体征铭记着一段工业历史。

您看南五马路铁路桥西侧（沈阳人称“两洞桥”）两边，那一群迎着朝阳骑着自行车赶往工厂的年轻人和身披晚霞哼着小曲儿回家的他们，不正是老沈阳当年的一幅特有画卷吗？好一首欢快的“晨曲”“暮歌”，那自行车的海洋里，也有您的身影吗？

您再看建设大路贵和街上那台“机床”，也许就是当年的您在这台机器上创下了全厂生产的新纪录，获得了厂长的表彰，除了奖状，厂工会还奖励您一个花床单。在表彰会上，一个帅气的小伙子爱上了您……现在，白了头发的你们，已经做了爷爷奶奶，老头子还常常和孙子说起，您当年戴着大红花，上台领奖，那叫一个美！全厂的工人都为您鼓掌！

还有老铁西广场上，那个硕大的、直插云霄力拔千斤的吊钩，那正是当年的您在车间的吊车上使用的，并不很高大强壮的您，坐到驾驶台上，却能轻松地吊起几十吨重的大型机器部件，那是咱工人的“力量”，为此，您成了姑娘们心目中的英雄！

最让人开心的是爱工街建设大路东北角上的“雪花1933”，看到它就会想起下班后的欢聚。听说，那一次，奋战了十几个昼夜后，工友们完成了一项紧急任务，心里那个高兴，大家相约来到工厂边的小酒馆，只因为这里有冰镇“雪花”扎啤。喝惯了咱沈阳的“老雪花”，再喝别的啤酒，都觉得不够味儿！

嘿，老爸，“孵化”您就不懂了吧？那是高科技，就如同刚刚孵出的小鸟，现在虽然还不够强大，但不久的将来，就会长成一只大鸟展翅飞翔，就像我，您总说我不如你们那一代人能吃苦，但当重担压在我肩上的时候，我的肩膀也会强壮起来的。

沿着建设大路西行至肇工街，一组飞转的“齿轮”映入眼帘，蓝天白云下，齿轮间那闪亮的光束，似飞逝的时光，带走了以往，带走了那让我们怀念的、奋斗的年代，也带着我们走向未来，更辉煌的未来！

在城市新区的规划建设中，老工业设施的去留曾经引起过争议。

好在，这些工业印记最终保留下来了。从这里看到的不仅是历史，更是沈阳人精神的传承。

劳模大道

从沈阳铁西区十三路西行至卫工街，就到了风景如画的劳动公园。十三路卫工街向西的延长线，东起卫工街，西到肇工街，长约450米，宽21米，这条横穿劳动公园掩映在垂柳中的步行大道，像一条彩带把五一广场、青铜浮雕劳模墙、振兴湖、劳模塑像群、劳模事迹展示长廊、劳模名录浮雕墙连在一起，形成了沈阳市劳模文化的集中展示区，这就是沈阳这座工业城市独有的景观——劳模大道。

劳模大道的起点是紧邻卫工街的五一广场，这里是整座公园最聚人气、最热闹的地方，经常举办大型广场活动。从四面八方来这里休闲的人们，每天自发地在这里唱歌、跳舞，进行各种健身和娱乐活动，歌声、笑声、音乐声……像朵朵欢乐的浪花随风在劳模大道飘荡。

沿着五一广场西行，首先看到的是在大道右侧的“劳动创造未来”青铜浮雕劳模墙，高 4.9 米，长 20.6 米，宽 0.8 米。上面生动刻画了沈阳不同历史时期十几位劳模代表形象，有全国劳动模范、新中国第一位女火车司机田桂英，全国劳动模范、毛主席的好工人尉凤英，全国劳动模范、从卖菜营业员到全国人大常委会副委员长的李素文，全国三八红旗手、我国化学制药战线第一个工程院院士安静娴……他们在默默地向人们诉说着不平凡的往事。

再往前行，大道左侧振兴湖畔矗立着马恒昌、王凤恩、吴家柱、阎德义、蒋新松五位全国劳模的塑像群，他们像一座座丰碑受到来自祖国各地的人们的景仰，人们不时地把鲜花或采集的野花摆放在塑像前，表达对老一代劳模的敬意。每逢六一，全市小学的少先队员代表会将鲜艳的红领巾系在他们的胸前，在塑像前举办主题队日活动，重温劳模事迹，学习劳模精神，携手追梦未来。

继续往前，大道的左侧是劳模事迹展示长廊和红色花岗岩浮雕墙。长廊不定期展示沈阳各条战线涌现出的劳模事迹，红色花岗岩浮雕墙上镌刻着沈阳市从1950年至2010年历届全国劳动模范的名字，像一本翻开的史册，记录着那些曾经响彻大江南北的名字，像一颗颗夜空中耀眼的繁星，仍然在天空闪烁，在人们的心中永驻……

在历史走过的“一五”“二五”和“三线建设”时期，劳模们刻苦钻研、无私奉献的精神推动了沈阳乃至中国工业的发展，中国工业的发展也成就和孕育了一代又一代劳模。中华人民共和国成立以来，沈阳先后涌现出市级以上劳模15000多人，28780多人次，使沈阳成为一座劳模辈出的城市，成为新中国劳模文化的发祥地。望着那掩映在绿树丛中的劳模大道，听着人群中的欢声笑语，我想，今天人们欢乐祥和的生活，不正是他们当年为之奋斗的目标吗？

如果说城市是一本打开的书，那么，在沈阳这部共和国的工业巨著中，劳模就是书中最醒目的文字，劳模大道就是这部书中图文并茂的精美华章。

花献铁西

夕阳，把沈阳重型广场上的大型雕塑“持钎人”映得通红，好像真的有一炉钢水就要出炉一样。这情景，让老沈阳人情不自禁想起中华人民共和国成立初期的沈阳，那火红的年代！在雕塑后面，远远地，有“铁西”两个钢铁大字浇铸在1905创意产业园的墙壁上，听说，那是由北方重工在老厂区的最后一炉钢水铸就的。

习惯早起，人们还都在睡梦中。走在大街上，才发现已经花红柳绿，又一个春天来了。四月的沈阳，桃红柳绿，我绕过钢铁雕塑，信步向铸着这两个字的墙壁走去。远远地，看到晨雾中“铁西”两个字，心里边禁不住酸甜苦辣又都涌起。还好还好，过去岁月中的千头万绪、千军万马、千辛万苦、千变万化、千秋人物、千难万险、千言万语……都浇铸在这两个字里边了。

没想到，远看并不是很大的两个字，来到跟前，才发现，它其实真的比我们知道的大得多，毕竟是整整一炉钢水铸成的啊！抬头看着墙壁上的两个钢铸的大字，突然发现，在高高的墙壁上，有一枝桃花，虽然已经有点蔫了，但显然是今天放上去的……

墙，很高，我走到墙跟前，伸直了手臂，也够不到墙头。那枝花是怎么放上去的呢？

什么东西绊了脚？是块条石！踩上去，刚好摸到了“铁西”，看来，来这里看望的，不只我一个人，还有，还有人想着过去的岁月！

可是，这光光的广场上，怎么会有一块条石呢？显然，是那放花的人，从别处搬来的，然后，他踩着条石把那枝粉艳艳的桃花，放在了墙头，放在“铁西”两个大字的旁边……

如果不是铮铮铁汉，怎么搬得动那石头?

可如果是铮铮铁汉，怎么会有如此柔情?

那一定是他心底涌动的情啊，让他念念不忘，忘不了他的老铁西，忘不了他的钢钎，忘不了那灼人的钢水，忘不了那火红的年代!

抬头望着那枝粉艳艳的桃花，我不禁想到北方重工那手握钢钎的工人们，在炼这最后一炉钢时，会是怎样的情感?是怎样的情感啊，让他们把这最后一炉钢水，浇铸成“铁西”两个字!

告　别

与那火红的年代告别，

与青春告别，

与老伙计告别，

向那与自己同甘共苦的车间告别，

向那为自己遮风挡雨的老厂房告别，

向那从自己身边飞快跑过的列车告别……

别了，别了，

我的老 28 自行车……

可是，那融入自己生命中的岁月，虽然告别，却怎能忘却？不知不觉，我也已经是满眼泪水，对着老铁西，对着铁西的老工人，我肃然起敬！

趣说路名

在老铁西区近40平方公里的范围内，统一把东西称路，南北称街，而这一、二、三、四级300多条路中，竟然有80多条街路的名称带“工”和“业”字。这样的工业街、路名文化，在中国独一无二，在世界也绝无仅有。

生活在沈阳市的人都知道铁西有兴工街、保工街、重工街等等，这里的“工”字，当然代表着铁西的工业、工厂和工人。却不知道，这些街路的名称并不是孤立的，而是由好多美好的、有着深刻文化和丰富内涵的词汇所组成。

铁西区的兴工街，是由和平区进入铁西区的第一条街，和兴工街相对应的还有振工街、铁工街和西工街，合起来就是“振兴铁西”。

紧挨兴工街的就是爱工街，和爱工街相对应的还有热工街、祖工街和国工街，合起来就是“热爱祖国”。

铁西区还有繁工街，和繁工街相对应的有荣工街、富工街、强工街，合起来就是“繁荣富强”。

紧挨铁西区商业街兴顺街的一条小街叫锦工街，和锦工街相对应的还有绣工街、前工街、程工街，合起来就是“锦绣前程”。

铁西还有安工街，和安工街相对应的有宁工街、和工街、乐工街，合起来就是“安宁和乐”。

沈阳的环城水系由南运河、北运河和卫工河组成。卫工河的边上是卫工街，和卫工街相对应的还有保工街，合起来形成“保卫”一词——保卫家园，保卫祖国，保卫和平，保卫我们来之不易的胜利成果。

铁西区的路有建业路、立业路、伟业路、大业路、功业路、勋业路，六条路名的首字就组成“建立伟大功勋”词组。

这些或凝练、或祥和、或美好的词汇正是今天人们常说常听、耳熟能详的，而半个多世纪前，具有远见卓识的人们,已经用这样的词汇来为铁西的街路命名了。

2002 年 6 月 18 日，铁西区和沈阳经济技术开发区合署办公。新区的街路如何命名？最终采纳的方案，仍然是东西称路，南北称街，但完全数字化了，从东到西的一号路到二十号路和从北到南的一号街到二十六号街组成新区的主要路网。

唯有两条例外，一条是九号街叫中央大街，北连于洪区南连苏家屯区；一条是九号路叫开发大道，东连铁西老区，西连辽中区，直通营口海。由九号街和九号路交叉组成的十字大坐标，像一艘巨型的工业航母，承载着开发区沈重、沈鼓、机床、沈变、远大、宝马等数千家现代企业乘风破浪，昂首向前，走出辽宁，走出中国，奔向世界。

街路名作为地理实体的标记和符号，从一个侧面，打下了不同历史阶段的烙印，反映着不同时期城市建设的规模和经济发展的程度。

老区街路名和新区街路名相加就是“工业”加“数字化”，正是对今天世界工业发展趋势的概括，这是多么神奇的巧合啊！这些弥足珍贵的街路名将伴随着沈阳工业文化的积淀，伴随工业 4.0 时代的到来，在不久的将来成为中国乃至世界不可多得的非物质文化遗产。

北二路今昔

当太阳在北二路西端落下的时候，5.7 公里长的一条路完全笼罩在金色的光辉之中，北二路上几十家装潢华丽的汽车专卖店和多个高档住宅小区，在夕阳中显得祥和而有生机。

北二路的举国闻名，是因为这条路见证过无数次跌宕起伏的历史巨变，是因为它经历 20 世纪末的凤凰涅槃之后实现了华丽转身。

1948 年沈阳城结束战争后，产业工人在共产党领导下，在废墟上重建工厂。鼎盛时期的北二路两侧，聚集了沈阳机床一厂、机床三厂、锅炉总厂、变压器厂，冶炼厂、重型机器厂、有色冶金总厂、汽车齿轮厂、东北制药总厂等 37 家大型企业，这么多排头兵企业集中在一条街上，全国绝无仅有，世界也罕见。这些企业之间一条马路相连，配套的铁路专用线相通，各种管线相连互供，在计划经济的背景下，资源共享，优势互补，整体效益得到了极大的发挥。

新中国第一台普通车床、第一台数控车床、第一炉钢水、第一台大型变压器、第一台大型风机、第一条超高压电缆、第一台气动凿岩机、第一枚金属国徽、直径 700 毫米的中型初轧钢机、3600 立方米 / 小时矿用大型斗轮机挖掘机、450 立方米烧结机、5000 吨 / 日立式磨机、中国第一台 5000 千伏安大型变压器……它们都在北二路孕育而生，共同创造了共和国工业史上的 300 多个第一！北二路是沈阳的，也是全国的，这些成绩代表了当时共和国装备制造业的最高水平。

“一五”期间，北二路上的沈阳重型机械厂生产的 198 种产品，支援了 21 个省区的重点工业建设，填补了国家近百项重工业方面的空白。当时的大江南北、全国重点工程所需设备及材料，大多来自北二路上的某个企业。当时，因为北二路上工厂集中，每天上下班时，马路上浩浩荡荡的自行车大军排出去几公里。

斗转星移，进入 20 世纪 80 年代，全国的改革大潮由南涌向北，计划经济的优势渐行渐远。曾几何时，红火兴旺的沈阳北二路成了“亏损一条街”。位于北二路中段的沈阳冶炼厂始建于 1936 年，是中华人民共和国成立后最早恢复生产的有色冶炼企业，它的黄金、白银产量一度稳居中国前列，为新中国建设做出过巨大贡献。然而，从 20 世纪 90 年代起，沈阳冶炼厂竟然也开始减产、亏损……

据资料记载，2001 年北二路上的 37 家企业资产负债率总体达 90% 以上，最高达到 300%。北二路上企业的衰退，直接影响了沈阳市的经济，沈阳的工业总产值由全国的第四位猛跌至第二十几位。尽管从 1986 年起，国家先后投入了 350 亿元，但始终无法挽回众多企业严重亏损的局面。

即使企业亏损、工人下岗，沈阳人仍难舍北二马路，当年的许多老职工对北二马路留给他们的光荣与梦想始终难以释怀。2002 年 1 月 8 日，沈阳冶炼厂的大烟囱被拆除时，许多冶炼厂的工人专程赶来与之告别，其情其景催人泪下……

这一年的 6 月 18 日，市委市政府决定铁西区和沈阳经济技术开发区合署办公，铁西区的改革真正拉开了序幕，北二路迎来了新的希望，这里的企业开始了大规模的东搬西建，几百家企业通过整改、重组、升级由铁西搬到开发区，建起了全新的沈西工业走廊，北二路则规划为汽车贸易专业街。从 2002 年岁尾众志诚大众汽车 4S 店开业，到如今，包括奔驰、宝马、路虎、保时捷、斯巴鲁、奥迪、别克、英菲尼迪、沃尔沃、阿斯顿马丁、丰田、福特、凯迪拉克等近 70 家 4S 店入驻，北二路成了铁西新的风景线，成为全国闻名的汽车贸易街。2009 年，北二路被中国步行商业街工作委员会评审组授予中国特色商业街，于 2009 年 9 月份在杭州正式授匾命名。

用凤凰涅槃、脱胎换骨这样的词语来形容今天的北二路，可以说是恰到好处。

早晨，火红的太阳从北二路的东方升起，北二路苏醒了，没有了机器的轰鸣和自行车的长龙，取而代之的是树荫下晨练的人们和宽阔的马路上静静驶过的轿车……北二路的故事还在继续。

“红梅”飘香

红梅味精厂，作为一家生产食品类调味品的工厂，曾和众多生产工业品的企业争香斗艳，是一代产业工人乃至全体市民集体记忆中的地理存在。20 世纪的八九十年代，提起红梅味精，无人不知无人不晓，不仅是沈阳人走亲访友时拿得出手的好礼品，更是来沈的外地人离沈前必带的商品。

红梅味精厂，原名沈阳味精厂，始建于 1939 年，是国内最早生产味精的企业。1945 年国民党接收这个企业后，8个月仅生产味素7吨，之后就因为动力和原材料缺乏而停产了。

1948年11月2日，沈阳解放，沈阳味精厂回到了人民的怀抱，企业得到快速发展。20世纪80年代后期，味精产业曾有一段高速发展的黄金期。1992年，我国成为世界味精第一生产大国,沈阳味精厂组建红梅集团。红梅集团是中国味精行业大型骨干企业，年产味精5万吨，年营业额近6个亿。主要经营的产品除味精外，还有骨汤、酱油、酿造醋、复合调味料等。红梅味精是以东北优质玉米淀粉为原料精制而成的纯粮食制品，“色泽白亮、晶粒匀整、真纯高鲜、不易吸潮”，产品畅销国内，远销到美国、加拿大、俄罗斯、朝鲜、韩国等三十多个国家和地区，成为飘香世界的“红梅”，三次荣获国家质量金牌，并在1997年被国家工商总局商标局认定为味精行业的第一个“中国驰名商标”，也填补了东北没有驰名商标的空白，2001年被评为中国名牌产品。那时，人们购买味素时都喜欢买包装袋上印有金牌的产品。

时光荏苒，在诸多因素的影响下，外表光鲜的红梅集团，近十几年来不堪重负，2012 年 4 月 27 日红梅集团向法院申请破产，2014 年 5 月 28 日被法院裁定破产。

一个有着七十多年历史的老企业就这样关门了。然而红梅的影响并没有随着红梅集团的破产而销声匿迹，“红梅”品牌被相关企业出资买下，红梅味精继续生产。据悉，在曾经的红梅味精厂原址将开工建设“红梅 1939 文化创意产业园”。我们愿意期待经历了破产之痛后在新厂区继续生产的红梅味精涅槃重生的那一天。

工人村

在能够反映沈阳地标变迁的总结性历史卷轴中，工人村应当是名副其实的开篇：它是闻名全国的工人住宅区，最能代表20世纪五六十年代工人阶级的骄傲。

“楼上楼下，电灯电话”是那个时代的人们对美好生活的最高向往。然而，对居住在沈阳市铁西区工人村里的人们来说，这只是美好生活的一角，自来水、冲水马桶、煤气、暖气、摩电车等等配套设施才是工人村真正的骄傲！

1952 年 9 月，根据毛泽东主席“在提高生产的基础上改善工人的生活”的指示精神，沈阳市人民委员会投资 1200 万元，在位于铁西区西南部，东至卫工街，南至十二路，西至重工街，北至南十路，占地面积约 60 万平方米的菜地上开始建设工人住宅，参照苏联的“三层起脊闷顶式住宅”设计图纸。一期工程于 1952 年 12 月完工，共建有 79 幢 3 层红砖红瓦楼房。

工人村的建筑规划是沈阳解放后第一个完整的城市建设规划，基础设施配套齐全，建筑物之间留有充足的绿化地带，建有花坛等景点。中小学校、幼儿园、百货商场、副食商店、饭店、照相馆、卫生院、粮站、邮电支局、储蓄所、公园等基础服务设施相当完善。工人村的街志中曾有这样的记载：“高楼平地起，条条柏油道，路旁柳成荫，庭院花枝俏”。

1954 年续建楼房 13 栋，1957 年续建楼房 51 栋，至此形成占地 73 万平方米、建筑面积 40 万平方米的 5 个建筑群，是共和国最早的工人住宅楼群，市政府将其命名为“工人村”。

此后，以工人村为中心，陆续有44家企业修建职工宿舍。

工人村第一期完工后，共有七千户“对工厂有重大贡献的职工家庭”搬入了新居。

如今已经年近90岁的尹忠福当年只有23岁，是厂里的青工，他父亲参加过解放战争和抗美援朝战争，哥哥是八级技工，所以他们一家7口人第一批搬进了工人村。尹忠福说，当时搬家还没有汽车，锅碗瓢盆都是用马车拉过来的，每家每户的木床、桌椅板凳等公家都给配套齐全了。屋子整洁明亮，跟原来的小平房相比，真是“一步登天”！尹忠福还在父母的授意下把这个好消息写信告诉了吉林老家的亲戚,亲戚们都觉得了不得了!

因为当时只有工厂的劳动模范、大工匠、高级知识分子等人才能住在那里，精英汇聚成为当年工人村的一大特色。

1957年，摩电车从兴顺街一直通到工人村楼下，大人孩子都跑过去看。挂着红布的摩电车按着铃一路开过来，大人孩子都跟着车跑。

当时，国家的物资还很匮乏，但是，工人村大合作社的物资供应相当齐全，按照现在的概念就是一个超级市场，吃穿住行应有尽有。

逢年过节，工厂还举办文艺会演，工会组织大家聚餐、联欢。

当时，生活稳定，人心凝聚，路不拾遗，夜不闭户，人们的命运和价值观一点点在这种荣光下改变，人人都相信自己正在更深入地步入一个崭新的时代。

作为“全国第一村”，工人村接待过多位国家领导人视察，接待过近 50 个国家和地区的友人参观，成了中国展示工业进步与工人阶级社会地位的一张时代名片。

进入到 90 年代以后，现代化的建筑群在工人村周围鳞次栉比地矗立起来，但是，对工人村有着深厚情感的人们，把老工人村的样子完整地保存在了“工人村生活馆”之中。

“工人村生活馆”作为第一个以工人生活为题材的原生态博物馆于 2007 年 6 月 18 日开馆，其中保留了楼群及其他纪念性的老建筑。这个博物馆位于沈阳铁西区赞工街2号，是由20世纪50年代7栋3层红砖建筑的苏联式工人宿舍楼围合而成，原是工人村的一部分，占地1.5万平方米。进入生活馆，当年的生活用品真实地再现了旧日不同历史时期的生活场景。此外，这里还恢复了当时的"大合社"（相当于现在的菜市场、百货）、粮站、邮局、抗大小学、幼儿园等原貌，成为铁西工业进程的历史见证和沈阳一道独特的风景。

时代的脚步匆匆，带走了以往的岁月，但老工人们平和而宁静的面孔，或许正代表着那些已然逝去却值得追望的工业时代精神。

没有真正经历过工人村的辉煌，对它现在的沉寂或许不会有太多感知。但对这个曾经激励一代人前行的地标性建筑群，人们对于工人村的认知和印象不应该只停留在简单的文字里。希冀老一代人的历史记忆在年轻一代的心里落脚，希冀曾经的宏望在孕育它的土地上得以延续。

艺苑群芳

1958年9月10日，也就是整整60年前，《人民日报》刊登了作家茅盾的一篇文章，题目是《跃进中的东北》，副标题是：群众文艺运动在沈阳。文章的开头一句是：

沈阳的铁西区有将近二百个工厂，群众性文艺活动在这里普遍展开的声势，可以用近来常在报刊上出现的一个成语来形容，这就是“万马奔腾”。

文章标题从东北到沈阳，开篇就直指铁西的近二百个工厂和工厂的群众性文艺活动。可见，那时的群众性文艺活动是多么地有声有色。

那些工厂的企业负责人在轰轰烈烈抓生产的同时，也没有忘记工人的文化生活。为了丰富职工文化生活，铁西工业企业积极打造文化阵地，投资建设了一大批具备图书阅览、电影放映和戏剧演出功能的工厂俱乐部或文化宫。从战后废墟上接管过来的铁西区只有一家电影院，到 1988 年，铁西有厂办文化宫、俱乐部 82 个，有工厂图书馆 130 个，几乎每两家企业中，就有一家有自己的俱乐部或文化宫。其中，建筑面积最大、座位最多的是沈阳冶炼厂文化宫，建筑面积达 4600 平方米，座位 1760 个。32 个工厂俱乐部、文化宫对外开放，成为铁西区及附近居民的文化娱乐场所。

那些没有文化俱乐部的中小企业，逢年过节也会到公开电影院包场买票，作为发放给员工的福利。在那个年代，电影是业余文化生活一个高层次的享受，电影院更是招待亲友、谈恋爱的重要活动场所。

工厂投资建设文化场所和设施是沈阳工业文化的一大特点。随着沈阳工业企业的迅速发展壮大，工业战线职工成为区域居民的主体，群众性文化活动到处浸润着机油的芳香。大工业、大企业造就了沈阳工人豪爽奔放的性格，工业成就推动了工业文化的发展繁荣，歌颂工人、歌颂工业、歌颂祖国成为火红年代沈阳工人群众文化生活的主旋律。

铁西区文化馆、铁西区图书馆、红光影剧院等一批社会文化设施也相继建立，各街道还建设了文化站，免费为辖区居民提供文化活动场所。作家茅盾在文章里记载：

街头诗刊已经在铁西出了两期了。街道俱乐部的计划，将使得城市街道居民普遍参加文艺活动，全面地实现了全民办文艺。

较大的工厂都有自己的内部刊物。现有明确记载的，就有沈阳重型机器厂、沈阳冶炼厂、沈阳机床一厂、沈阳机床三厂、沈阳铸造厂、沈阳纺织机械厂、沈阳热电厂等 26 家厂报，茅盾在文章中称铁西“**全区已经建立的文艺创作小组将近六百个，队伍之大，将近三千人。**”培养了一批工人作家。

20 世纪 50 年代，以沈阳鼓风机厂、沈阳重型机器厂、沈阳电缆厂、沈阳风动工具厂、沈阳新型建材厂为代表的多家企业都有自己的文艺团队，创作了一批以讴歌工业和工人为题材的优秀文化作品，涌现出一批职工业余文化艺术活动骨干，为专业文化部门输送了大量人才。沈阳机床三厂的文工团曾到中南海为党和国家领导人汇报演出。如火如荼的群众文化活动，与热火朝天的工业建设发展相得益彰，在沈阳的街道和公园经常能够看到职工群众自发进行的文艺表演。

丰富的文化生活起到了凝聚人心的作用，可以说，沈阳的工业能够在中华人民共和国成立后的几十年中蓬勃发展，并且对全国工业基础的奠定发挥巨大作用，和茅盾在文章中描述的“万马奔腾”的群众性文艺活动是分不开的。

遗憾终生

马恒昌是唯一给国家主席毛泽东敬过酒的工人代表，但是，让马恒昌遗憾的是，他给毛主席敬酒时，自己的酒杯里盛的是水！

这真是让他遗憾一辈子的事。

1950 年 9 月，马恒昌接到东北总工会的通知，让他参加第一次全国工农兵劳动模范代表会议。然而此时，这位劳动模范正在七岭子温泉疗养院疗养。

原来，新中国建立后，百废待兴，马恒昌和工友们加班加点干活，为了少上卫生间，他们在上工前都不喝水！马恒昌积劳成疾，鼻子经常流血不止。领导、医生和同事们硬把他从工作岗位上拉下来，并安排好组里的工作，马恒昌这才同意去疗养。

第一次工农兵劳动模范代表会议隆重开幕，毛泽东、刘少奇、朱德、周恩来等国家领导人出席了大会。会上，马恒昌代表“马恒昌小组”向党中央和毛主席汇报工作，马恒昌小组被评为全国劳动模范小组，这是中华人民共和国成立以来，第一次以个人名字命名的先进班组，马恒昌本人被评为全国劳动模范，成为开国劳模。

9 月 30 日晚，党中央和政务院举行盛大的国庆招待会，大家一致推举马恒昌代表工人阶级第一个向毛主席等党和国家领导人敬酒。可是，马恒昌向来滴酒不沾，加上身体不好，医生严禁他喝酒。当时的总工会主席李立三提议让马恒昌在自己的酒杯里倒上水。这样，马恒昌忐忑不安地端着一个装满白水的酒杯，来到毛主席身边。当李立三同志将马恒昌介绍给毛主席时，毛主席像见了老朋友似地连说：“我知道，我知道，我知道。”

马恒昌激动地说："我代表工人阶级向您敬酒，为您的健康干杯！"毛主席也举杯示意，声音洪亮地回答道："为了工人阶级幸福干杯！"说着，毛主席将自己杯中的酒一饮而尽，并同马恒昌热情握手。

会后，很多代表争相跟马恒昌握手——因为马恒昌跟毛主席握过手，大家分享着马恒昌的幸福。

有代表问总工会主席李立三："毛主席酒杯里是水还是酒？"

李立三说："毛主席喝的是酒。"

"主席喝的是酒？！"马恒昌当时悔得几乎要跌倒……

马恒昌当时是沈阳第五机器厂的工人。1948 年 11 月，沈阳刚刚解放，在敌机不断骚扰轰炸的情况下，马恒昌带领车工小组奋不顾身地完成一批批军工生产任务，以优异的成绩于 1949 年 4 月 28 日获得"生产竞赛模范班"的红旗。马恒昌说过的一句话，直到现在仍被奉为经典，他说："喊破嗓子不如干出样子！"

在劳动竞赛中，马恒昌小组又提出了"消灭废品、提高质量”的倡议，之后为完成生产螺旋铣床的任务，又创造性地建立了“技术研究会”和“三人技术互助组制度”，在生产中改进了十多种工具，创造了连续37天不出废品的纪录，使全厂产品废品率由5%降到1.5%。

六十多年来，“马恒昌小组”精神代代相传，成了“中国工人阶级的一面旗帜”。一些当代企业家把马恒昌和“马恒昌小组”所铸就的精神和光荣传统，视作中国工人阶级的宝贵财富。“工人伟大，创造光荣”的传统被传承和弘扬；马恒昌的名言“喊破嗓子不如做出样子”仍是我们今天做人的一把尺子。

马恒昌自当选开国劳模后，又为建设祖国立下许多功劳，获得无数荣誉，并受到毛主席接见十余次。但是，他始终为第一次给毛主席敬酒时自己酒杯里盛的是水而遗憾。

刀具大王

1991 年春节，70 岁的金福长收到一张 100 元的汇款单，汇款的是江苏省黄桥镇的一个普通车工，他在附言中写道：

我们的教材中有您的《车刀绝技》，感谢您为我们写了那么好的书。可是，我听说您都舍不得为自己镶牙。今寄去一点钱，略表敬意。

是的，金福长写的《车刀绝技》和根据他的经验理论编辑出版的《先进刀具选》，至今仍是青工的必修教材。在科学技术日新月异的今天，互联网上输入“车工、刀具”等词，立刻会跳出无数条包含“《车刀绝技》、金福长”字样的信息。金福长的名字从来就与车工、刀具密不可分，“金福长”三个字，仍是这个时代的热词。

金福长 1950 年到沈阳重型机器厂当车工。不久，就因出类拔萃被选送到第一机械工业部举办的“高速切削学习班”学习。接下来的几十年时间里，金福长一心投入到技术革新中，成为以革新刀具而闻名的“刀具大王”。

1956 年，沈阳重型机器厂接到给鞍钢加工大型高锰钢铸件的任务。由于高锰钢材质硬，加工的时候打刀现象十分严重。当时驻厂的苏联专家对此也束手无策。

金福长 14 岁进厂当学徒，这时的他已经有 20 年的实践经验。他把当时有的二十几种刀具的几何角度进行了细致研究，又经过反复试验，终于研制成功一种适合高锰钢加工用的“大倾斜角车刀”，解决了技术难题。

接下来，他向一直困扰机械加工行业的技术难题——大直径深孔加工挑战。经过两年多的试验，金福长研制出“深孔芯棒切断刀”和“深孔套断刀”。用这两种刀加工深孔，可在缸口粗的钢材中间掏出一根脸盆粗的整体芯棒，不仅节约了大量钢材，还提高工效近 10 倍。这一技术的推广，使我国水压机的缸体由锻件生产替代了铸件生产。

金福长的徒弟王庆忠说：“师傅就喜欢我们提问题，并且希望我们能把他问住，因为只要发现不懂的，他就会专心去研究、去琢磨，这样一来大家都能进步。”

1979 年，金福长研制成功“等离子热节削”新技术，提高工效 6 至 8 倍，为加工高强度、高硬度、高耐磨材料闯出一条新路，填补了我国机械工业的一项空白。

凭着钻劲和韧劲，金福长先后研制、推广了 300 多种先进机械加工刀具，攻克生产难题 180 多项，带领省、市先进刀具推广队，帮助 100 多个企业解决了几百项关键生产技术难题，并被选为沈阳市职工技术协作委员会副主任。退休前，金福长已经是沈阳重型机器厂的副总工程师。

从20世纪60年代初到90年代末的近40年间，金福长为沈阳市职工技协举办的“先进刀具技术讲座”授课300余次，培养徒弟100余人。河北、山西、云南、贵州等十几个省市也纷纷邀请金福长把他的先进技术和刀具带给他们。

一位订阅过《机械工人》杂志的老读者说，通过《机械工人》杂志，我知道了“刀具大王”金福长，我向他学习到不少先进的刀具知识……

1964年1月，机械工业出版社根据金福长的技术经验和理论，编辑出版了《先进刀具选》。28年后的1992年5月，中国工人出版社又出版了他的《车刀绝技》。

如今，金福长离开我们十几年了，然而，打开电脑网页，求购《车刀绝技》的信息有好几条，在“孔子旧书网”上，一本1992年出版的《车刀绝技》，已经卖到近百元！江苏黄桥镇的那个小伙子提到的就是这本书。

中国工业从中华人民共和国成立初期的一穷二白，到现在的赶超世界先进水平，推动其发展的，正是千千万万个像金福长这样的人。“堂堂大节，中流砥柱，狂澜横制”，金福长不仅是那个年代光芒四射的明星，他以他的实力跨越时代，今天仍在熠熠生辉！

星火技协

在沈阳市劳动公园的劳模雕像群中，吴家柱的雕像下面记载着他的生卒年月：1926.12—1964.4。也就是说，他，吴家柱在这个世界上只生活了短短的 38 年！一个已经离世半个多世纪的年轻人，何以让人们还记得他，为他塑像？

从那个时代过来的一位老人说：“吴家柱那时候成立协会，搞技术协作活动，风气可不一样呢！年轻人都争先恐后地学技术，进步可快呢！工厂有技术上的困难找到他，他都能给你解决。”

吴家柱是1950年从鞍山的一家企业来到沈阳气体压缩机厂当工人的。他入厂不久，赶上抗美援朝战争爆发，厂里接受了为战争前线生产汽车防滑链的任务。但工厂没有对焊机，无法保证产品质量。人说“艺高人胆大”，才入厂不久的吴家柱挺身而出，把研制对焊机的任务接下来。他跑遍沈阳、鞍山的有关工厂寻经探宝，回到家就点灯熬油地研究，终于在短时间内把一台在当时技术绝对领先的对焊机交给生产车间。

当沈阳气体压缩机厂敲锣打鼓、提前把防滑链送到抗美援朝前线的时候，吴家柱却把自己关在屋子里，为下一个生产难题做试验呢。

1952年，吴家柱光荣地加入了中国共产党，并从工人转为技术员、工程师。1956年和1959年吴家柱两次获全国先进生产者称号。

到20世纪60年代初，他已经搞出230多项技术革新。

1961年初，沈阳拖拉机制造厂试制振动研磨机，技术员林海丰找到吴家柱及沈阳高压开关厂快速切削能手吴大有，三人开始合作攻关。林海丰回到工厂，按照他们共同设计的图纸试制，却失败了。吴家柱和吴大有得知消息，下班后直接去了林海丰试机现场，他们共同找原因，调设备，一夜未睡……第二天，一台“去锈、倒圆角、抛光”三项全能的研磨机正常运转了！

有了这次合作成功，吴家柱提出建立一个长期技术合作小组，以帮助企业解决生产中的技术难题。不久，他们这个技术合作组帮助沈阳气体压缩机厂解决了磨床砂轮修整的难题。

20 世纪 60 年代初，国家建设突飞猛进，工厂企业需要解决的技术问题层出不穷，吴家柱他们的技术合作小组建立没多久，参加技术协会活动的人就发展到 80 多位。吴家柱把自家的两间住房腾出一间来做了活动室。

技术协作的力量是巨大的，第三机床厂在生产中遇到难题，吴家柱请了铸造和研磨方面的专家一起到现场“会诊”，很快就攻下了难关。

当时，东北是全国重工业基地，沈阳被称为共和国的“工业长子”，而支撑起这一切的，正是千千万万个吴家柱这样具有无私奉献精神的人。吴家柱为了群众性技术交流和协作活动，几乎献出全部休息时间，使技术协作像一团火，燃遍辽宁大地，并迅速影响到全国，技术协作、技术交流、技术攻关活动遍地铺开。

1961 年，吴家柱被推选为全国第一个职工技协组织“沈阳市劳动模范、先进生产者厂际经验交流、技术协作活动委员会”主任。1962 年他又被推选为“辽宁省总工会群众技术协作委员会”主任。

把技术革新作为提高生产力的主要方法，是沈阳在不断实践中获得的宝贵经验。当时的技术革新运动造就了一支劳模队伍和一批“大国工匠”，培养了宏大的崇尚技术的职工队伍。

吴家柱对爱人说：“人民对我的期望太大了，可我给人民做的工作太少了，我恨不得多长几只手。”只有两只手的吴家柱只好忘我地工作，他不是在各个厂矿间协调解决技术上的难题，就是通宵达旦地查资料、琢磨、绘图。

1964 年 4 月，当他接待完一个考察团回到家中时，感到非常疲劳，就倒在床上休息，从此再也没有醒来。时年只有 38 岁。

一个春花烂漫的日子，我来到吴家柱的雕像前，那是一位英姿勃发的青年，好像随时要站起来投入到火热的生活中。我来的时候，吴家柱的雕像前，摆放着一束鲜花，不知道是谁人所为，就算是他的后人，也已是近花甲的老人了……然而，吴家柱永远年轻着，他一手建立起来的技术协作组织仍然活跃在生产一线，为推动技术革新发挥着积极作用。

吴家柱精神永远不老！

闪光雕像

清晨，鸟儿用婉转的歌声迎接劳动公园的第一道曙光。陆陆续续的，打太极拳的、唱歌的、跳舞的、溜旱冰的、写大字的……位于沈阳市铁西区的劳动公园渐渐热闹起来。

在那一缕透过枝叶的阳光下，有一双微笑的眼睛，默默地注视着欢笑的人们——那是劳动模范王凤恩的雕像。

两位鬓发斑白的老人，手捧鲜花缓缓地走来，他们望着王凤恩的雕像轻声地说："师傅，我们也退休了。不过您放心，您亲手建起来的变压器厂，现在越来越发展壮大了！国家总理来我们厂视察时，大家还念叨您呢……"

是的，在新中国的工业建设史上，记载着王凤恩重重的一笔，他的名字是与5000千伏安大型变压器制造成功紧紧联系在一起的。

1951年沈阳变压器厂接受了国家下达的制造中国第一台5000千伏安大型变压器的任务。但当时的沈阳变压器厂只能搞点维修，自己不会做变压器。不过，工人们知道自己的祖国百废待举，这担子咱不挑谁挑！

然而，第一道工序就卡住了，变压器的绝缘筒此前都是从国外进口的。党支部让王凤恩想想办法，看看能不能自己做。王凤恩修理电动机是"大拿"，但造变压器却只能试试看。当时的绝缘材料是苏联支援的，很珍贵，王凤恩试了几次都没成功，他望着一堆废料出神。突然，他想到了妻子的熨斗！他回家把熨斗取来，在绝缘纸上按按推推，困扰工厂多年的绝缘纸起泡问题就这么解决了!

变压器成型后，运行是否稳定还待考查，王凤恩在机器旁一蹲就是三天三夜，像医生把脉一样，通过机器的声音判断运转情况……

1953 年，中国第一台 5000 千伏安大型变压器制造成功! 开创了我国自行制造大型变压器的先河。

作为大型变压器车间工段长的王凤恩，与工程技术人员及工人一起不断攻坚克难，越战越勇，又制造出了卷线机、卷筒机、焊接机、伸颈式大台面冲床、卷管机、脱管机等机器设备。

为了技术革新，王凤恩经常吃住在厂里，他的机台旁常放着一床带拉链的空心鸡毛褥子，实在太困了就钻进去打个盹。一次，为了解决一台机器的动力问题，他又是几天没回家。徒弟劝他回家歇歇，换换脑筋。他骑上自行车，一脚蹬下去，顿感豁然开朗，他卸下自行车链条跑回车间，只见他在机器上安上牙轮，连上车链子，徒弟明白了，师傅把这个难题解决了!

1956 年，厂里送王凤恩到西安干部学校学习，全班数他文化最低，但他学习成绩最好，两次被评为学习模范。

王凤恩学习回来后，再次关注到绝缘车间的裁纸问题。人工裁纸效率低而且绝缘纸末对人的皮肤刺激很严重。王凤恩与工友和技术人员一次次地实验、改进，每一次发现的问题都成为下一个要攻克的目标。到第十八次实验的时候，王凤恩一按电钮，机器自动将绝缘纸切开又卷成管，人们欢腾起来！

王凤恩成为闻名全国的“创新大王”后，慕名来请他解决企业难题的人络绎不绝，仅 1961 年到 1963 年间，王凤恩与同事一起，为全国 30 多个工厂和单位解决了 72 项难题，因此得名“红色工程师”称号，并被评选为全国劳动模范。

1973 年开始，他配合华罗庚教授，在辽宁省各地推广应用优选法和统筹法，取得了 3 万多项科技成果。

王凤恩似乎就是为解决企业技术难题而生的，几十年来他心里想的全是工厂的事情，老伴和孩子们也习惯了。1999 年，75 岁的王凤恩弥留之际，嘱咐女儿向组织交 2000 元党费，他遗憾地说：“我再也不能为企业帮忙了。”

祖国和人民不会忘记那些曾经为新中国建设做出卓越贡献的人。2000 年，我国第一组劳模雕像群在沈阳劳动公园与世人见面，“全国生产建设十面红旗”之一的王凤恩就在其中。每天来劳动公园娱乐的人们，已经习惯了在他们中间微笑的王凤恩和劳动模范们，似乎，他们一直就是这欢笑人群中的一员。

劳模之家

一场春雨过后，沈阳北运河两岸的树绿了，花开了。绿荫下，人们沐浴着晨光，在做着各种健身运动。而 83 岁的张成哲却沿着河岸东走西看，不时地弯下身捡拾地上的垃圾。

熟悉他的人和他打招呼：“老劳模，该退休了，来和我们一起锻炼锻炼。”

张成哲笑着说：“干了一辈子了，停不下来呀，我就练我的‘劳动功’吧。”

张成哲确实是“老劳模”了，从1961年开始，他八次被评为沈阳市劳动模范，三次特等劳动模范；六次被评为辽宁省劳动模范，四次特等劳动模范；两次被评为全国劳动模范，并被全国总工会评为全国职工技术协作先进个人。

1960年，国家正处于困难时期，党号召工人阶级为国分忧，张成哲当时已经是沈阳铸造厂的革新能手，他成为第一批技术协会积极分子。在技协，他刻苦学习、虚心求教，很快掌握了多种设备维修技术，并担任起技协副主任的担子。先后完成800余项技术革新，重大项目60余项，填补国内、省内空白18项。在中国工业博物馆还陈列着张成哲当年亲手改制的15吨电动铁水包、亲自设计的10吨冲天炉、自动上料机、亲自用废料组装的砂轮机等实物。

27岁的小伙子，当时连肚子都填不饱，但怀着对党和社会主义事业的坚定信念，他拖着浮肿的双腿，东奔西走，哪里有问题就出现在哪里，先后帮助三十多个中小型企业和乡镇企业解决技术难题110多项，救活普兰店铸造厂等三个企业。人们说他“精神高尚、技艺高超、贡献卓著”，称赞他是“革新大师”“时代的主人”“活着的孟泰”“工人阶级优秀代表”。辽宁省、沈阳市总工会分别做出决定，号召职工向张成哲学习。

1992年，张成哲要退休了。工作了几十年，忙了几十年，好不容易退休，别人都在忙着制定旅游计划，他却在想自己还能做点什么。

这个一直在高速运转的“陀螺”，或许真是停不下来。正巧，北运河沿岸林带及公园刚刚扩建完成，需要一个高度负责的团队来管理，张成哲会同王凤恩、马洪谦、杨德林、金福长、尉凤英、田桂英等多名老劳模，并吸纳了二百多名下岗工人，成立了“沈阳成哲群英实业总公司”，担当起27.7公里长的北运河的看护、保洁等管理工作。

张成哲走到哪里，就把他的正能量带到哪里，劳模公司同沿河28所大中小学校4万多名师生开展精神文明共建活动。他被15所学校聘请为德育名誉校长。

张成哲看到人工清除河里的水草效率低、工人工作辛苦，他搞技术革新的劲头又来了，带领老劳模攻关小组革新了河道割草机，使工作效率提高了70多倍。2003年，这位已经70岁的老人、这位永不下岗的劳动者，被破格授予“辽宁省特等劳动模范”称号。

张成哲一心扑在工作上，对家人照顾相对少一些，他总觉得心里有歉疚。由于一些情况，大女儿小时候被别人收养，20岁才和父母相认。张成哲虽然嘴上不说，但心里一直在想送大女儿点儿贵重礼物。在大女儿参加工作的那一天，他把自己精心收集整理的劳动模范李素文的照片和文字资料郑重地交到大女儿手上。

大女儿果然不负父亲的期望，1990年获得全国“五一劳动奖章”，同年和父亲张成哲一起出席省第七次党代会，父女俩的合影刊登在报纸上。那天，他掩饰不住心里的兴奋，对老伴说：“你放心吧，咱们的孩子成材了。”大女儿还在1992年和1995年被评为辽宁省劳动模范。二女儿一直在张成哲身边长大，2004年，二女儿被评为沈阳市劳动模范，2006年被评为辽宁省劳动模范，2008年被授予全国“五一劳动奖章”。

张成哲一辈子都“在路上”，他焕发出来的精神光辉像阳光一样普照着他的子女和家庭，在价值观日趋多元的当下仍不褪色，不暗淡，熠熠生辉，光彩夺目。

诚者成物

1978 年 3 月，全国科学大会召开，中国著名的“9 套大型设备”在这次大会上获奖。这其中，就有沈阳重型机器厂设计生产的“12500 吨卧式挤压机”。而当时，这套设备的总设计师王铮安已经去世 15 年了。他的年龄永远定格在了 38 岁。

1961 年 5 月，当国家第一机械工业部部长沈鸿决定起用沈阳重型机器厂总设计师王铮安，由他负责 12500 吨卧式挤压机这项国防航空工程项目的总设计工作时，王铮安还带着“特务嫌疑”的帽子，被“内部控制，不得重用”——起因是一年前他接到过一封台湾特务的“离间信”……

得知自己被委以重任，这个被委屈压抑了一年多的铮铮铁汉，激动得哽咽，仰天拭泪，他说：“请部长放心，我一定会让中国飞起来！”一激动，他连“飞机”二字都省略了。是的，这套大型挤压机是我国发展冶金、航空、导弹、原子能和电子工业必不可少的设备之一。

然而，这种大型设备，当时世界上只有美国和苏联各有一套，国内既无图纸，也无资料，猜都猜不出是什么样子，设计难度之大可想而知。

在接到任务后的一年左右时间里，有关挤压机的几个关键问题一直在业内争论着，穿孔系统的结构问题就是其一。

王铮安精通英语、俄语和德语，曾翻译过轧钢方面的德语专业书籍，还撰写过论文《液压机压力参数的选择》，他从德文杂志的有关文章中得到启发，充分考虑了现有方案的特点，提出了一个全新的穿孔系统，能够满足挤压机的工艺要求。

找到了设计难点的突破口，肩负重任的年轻设计师倾情践诺，废寝忘食几乎拼了命。这，不是说说而已，因为在那些日子里,王铮安已感到右侧胸腹部隐隐作痛，他用手和膝盖顶一顶、压一压，不去就医。他明白，自己这个病不会很轻，他害怕面对残酷的现实！而此刻时时袭来的疼痛，像是督促他：时间不多了！

仅仅 10 天，王铮安就拿出了完美的设计方案。这个设计方案在专家论证会上，获得一致通过。

为了保证万无一失，沈阳重型机器厂在制造 12500 吨卧式挤压机之前，先试制了一台 3500 吨卧式挤压机样机，安装在锻压车间。

由于 12500 吨卧式挤压机零件重量超重、外形尺寸特大，要求承受高温高压、加工精度要求极高，使得制造工艺非常复杂，仅 75 吨以上的大型铸件就有 4 个，如固定梁，净重就有 90 吨，多包钢水才能浇注成型；工作缸直径 1900 毫米，净重 42 吨，只能分段锻造，然后采用电渣焊接技术，焊接厚度达 250 毫米。

沈部长看着一天天成型的设备，感慨地说："这是世界上第三台，终于有了希望！"

1962年，从2500公里之外的西南铝加工厂传来"12500吨卧式挤压机的试验机完全达到预期效果"的消息，沈部长在电话中对王铮安说："你的设计是完美的，你为中国航空工业立了大功！"

王铮安这才如释重负，在妻子的陪同下到医院就医，而此时，他体内的肝癌已经扩散。

在最后的日子里，王铮安用指甲在墙壁上刻下"天生我材必有用，奈何天不从我愿"！

王铮安走了，他没能看到他设计的12500吨卧式挤压机以及这台大型机器制造出来的产品，但当年他带病设计的时候，他或许就知道，他虽战胜不了病魔，但诚者成物，他可以把生命注入他设计的这台12500吨卧式挤压机中！

1966年5月后，受"文革"的干扰，生产秩序混乱，设备研制工作受阻。1967年，国务院副总理聂荣臻亲自组织检查九套大型设备的工作情况，发现问题，排除干扰。

1971年1月26日，12500吨卧式挤压机试车，5月正式投产，使我国成为继苏、美之后，第三个拥有万吨挤压机的国家，技术指标即使现在都位居世界前列。

这套设备从投产以来，运行情况良好，一直是我国铝加工业的骨干设备，规格是亚洲同类设备中最大的，有力地支援了国防建设，促进了我国重型机械制造业技术水平的提高，使重型机械进入了自行设计制造高效、大型、精密、尖端成套设备的新阶段。同时也带动了有关辅机、电气、仪表制造业的进步，并同步发展了许多新产品，锻炼了技术队伍，积累了丰富的经验。

我们可以告慰英灵，半个多世纪后的今天，这套丰碑一样的设备仍在造福社会，为我国军用、民用飞机提供了各种高精度、大规格的型材、管材、棒材，为神舟系列宇宙飞船、人造卫星提供了高精尖的铝板材，是我国发展冶金、航空、导弹、原子能和电子工业的支柱设备，被誉为国宝之一。这里面注入了你——王铮安年轻的生命！

焊接大王

初秋的沈阳城碧空万里，几朵白云悠然地点缀其间，突然，一架战机像闪电一样划过长空，瞬间就消失在远方……正抱着资料从钣焊车间出来的张树文望着消失的战机，默默地对草坪上师傅阎德义的雕像说："师傅，您看到了吧，那战机上，有咱们一起焊接的发动机！"

沈阳黎明航空发动机集团始建于1954年，是国家"一五"期间156项重点工程之一，肩负着我国航空发动机的研制和生产历史使命。在20世纪60年代国家困难时期，为了保证航空生产，国家要用高价从联邦德国进口纯氩气。阎德义看在眼里，急在心里，经过反复试验，采用简单工艺就使用国产氩气焊接出了质量过硬的产品，既保证了生产，又为国家节约了外汇。

阎德义工作中善于思考，大胆进行技术革新，从实践中磨炼出高超技术。1975 年 8 月，企业委派阎德义率队参加“辽化”工程会战，在焊接大型金属罐时，他带领的 80 多名焊工，闯过铆焊、横焊、立焊、平焊等技术难关，经一次测试全部合格，为企业赢得了荣誉。

1976 年，工人们在修建毛主席纪念堂的工程中遇到了焊接难题，用特殊不锈钢板焊接而成的水冷壁板结构产生了裂纹和变形。工程指挥部先后请了多位焊接专家都没有解决这个新型材料出现的问题，后来经过多方打听才专程把阎德义从沈阳请到北京。有丰富焊接经验的阎德义掌握着最新的技术数据，经过认真研究和试验，很快解决了关键技术难题。不久之后，上海先锋厂在研制大型客机焊接耐热合金机匣时也遇到技术难题。阎德义又被请到现场，他反复试验后，攻克了这个难关。

1979 年，在试制国产新型歼击机发动机过程中，钛合金机匣的焊接又遇到难题。阎德义挺身而出，根据自己多年的实践经验和积累的科学数据，大胆提出了解决方案。经过上百次试验，采用新工艺，终于成功解决了钛合金焊接在大气层中直接进行的技术难题，被业界誉为“焊接大王”。

阎德义的名字，从北京、上海，传到大江南北，很多企业遇到难题时都来向他请教。多年来，他先后参加北京、上海、天津、四川、黑龙江、广东、深圳等省市 60 多家单位的攻关会战和技术协作活动。多次被评为沈阳市劳动模范、特等劳动模范；1979 年被评为全国劳动模范。曾当选为第五届全国人大代表、第五届全国人大常委会委员，第六届全国人大代表。1978 年、1979 年、1981 年三次被评为辽宁省劳动模范。

也许，冥冥中阎德义就是为解决焊接难题而生，1989 年，他退休后不久就不幸因病逝世了。工人们怀念他，因为他们现在应用的每一项新工艺、新技术，都是在阎德义的智慧和心血的基础上发展而来的，车间里的每一个角落，都有师傅阎德义的身影。2002 年 4 月 28 日，沈阳黎明航发集团公司在阎德义生前工作过的钣焊加工厂，为其建了一座两米高的半身塑像，以纪念他为祖国航空事业做出的突出贡献。

阎德义的徒弟们更是愿意把自己的成就与师傅分享，让师傅时刻关注着祖国建设的步伐，每当遇到困难时，默默地与师傅交流一下，阎德义那睿智的微笑就会给人以力量。以阎德义的徒弟郭维林名字命名的劳模班组“郭维林班”，现在已经交到第三代班长张树文的手上，他带领班组接力传承劳模精神，担负起振兴祖国航天工业的历史重任，建功立业，先后获得“全国五一劳动奖”“全国工人先锋号”等荣誉。

在祖国建设的征程上，阎德义和新老几代工人奋斗的足迹将永存历史史册！

劳模邻居

在铁西区应昌街小六路和七路之间有一片普通的居民小区，它就是沈阳拖拉机厂职工宿舍。听老一辈说这个小区可不简单，出了一位全国闻名的技术革新能手和劳动模范，他就是沈阳拖拉机厂的工人林海峰。

1961 年参加沈阳市总工会举办的“学毛主席著作学习班”时，林海峰和沈阳气体压缩机厂的吴家柱、沈阳高压开关厂的吴大有相识。三人有着相同的志向和爱好，都喜欢琢磨一些技术上的问题。那时，国家百废待兴，生产任务量大，对新技术、新要求、新产品的需求也多，而技术人员却很少，遇到厂子里出现生产上的难点时，三个人便凑到一起讨论。“三个臭皮匠赛过诸葛亮”，难点往往就在他们的讨论和试验过程中解决了。

20世纪60年代初，苏联撤走专家，带走图纸，有的生产线一下子就停工了，企业面临前所未有的困难。

林海峰、吴家柱和吴大有三个人商量决定，合作攻关，让生产线运转起来，尽量保证国家急需的产品供应！他们共同创建了中国第一个职工技术协作组织，不但解决了自己工厂里的技术难题，还帮助慕名而来的上百个企业搞技术攻关几百项。

我的母亲小时候和林海峰是邻居，管林海峰叫林叔。据母亲回忆，林海峰家有五口人，两个儿子一个女儿，全家住在十几平方米的一间平房里，简单简洁，母亲常和林家女儿一起玩。有三件事印象最深：一是看见林家的活全是林婶干，没见过林叔干家务活。林婶也有自己的工作，她常常是小跑着忙里忙外；二是林叔总加班，去他家的时候很少看到林叔，一问林婶就说在加班，有时在他家玩到很晚也见不到林叔。有一次，妈妈问林婶，林叔为什么总加班啊？林婶说，你林叔不光忙自己厂子里的事，其他工厂遇到技术难题，也来求他们帮忙，所以，总有做不完的事情；三是偶尔见到林叔，他都是在和几个叔叔围着家里的小炕桌讨论什么，写写画画的，林婶还给他们端茶递水。

随着时间的流逝，半个多世纪过去了，母亲说，她今天终于明白了，劳模不是一个人，劳模是一个家庭，没有林婶默默无闻的奉献和支撑，林叔哪能心无旁骛地加班；劳模不是一个人，劳模是一个团队，没有林海峰、吴家柱、吴大有以及他们周围上百人的合作，哪有几百项的创新成果；劳模不是一个人，劳模是一种群体精神，没有成百上千的劳模群体，哪有共和国长子的美誉！

如今时代发展了，小区的平房早已变成了高楼，但这种奉献精神、合作精神却需要一代一代的传承和发扬。

创造新纪录

在中国工业博物馆的铁西馆内，大厅中央的一张老照片异常醒目，照片上一位年轻工人胸戴大红花握着毛主席的手，脸上洋溢着说不出的激动与自豪，他就是首届全国劳动模范、生产新纪录首创者、沈阳第三机器厂车工赵国有。

看着这张照片，人们的思绪不禁被带回到了那个激情燃烧的年代。1948 年 11 月 2 日沈阳解放，战乱状态结束，开始了恢复和建设时期。

面对千疮百孔的城市，工人们以主人翁姿态勇挑重担。为了尽快恢复生产，他们积极献纳工厂严重短缺的器材，并开展了以发明创造、技术改进、提合理化建议、节约原材料为内容的“创造新纪录运动”。机器三厂的工友们将原来车一个合格塔轮的时间从24个小时缩短至8个小时，可机器四厂的车工苗雨亭又创4个小时的新纪录。

三厂的党支部号召党员和团员挑战新纪录。

赵国有的车床本不是做塔轮的，不过，身怀高超技艺的赵国有心里痒痒的，很不服气，他站出来，表示愿意挑战！

工友张尚举说：“你要是能4个小时做出一个塔轮，我的六尺车床划线就能由180个小时缩短到90个小时。”

工友们为他们两个鼓掌，工务股为他们约定了挑战的时间。

赵国有来到做塔轮的车间，看到工友们为了抢时间，个个都是满头大汗，可工具不争气，铣刀杆儿一个劲地抖，像打摆子。赵国有心想：提高效率光靠力气不行，得改造工具。他向技术人员请教，做了加粗铣刀杆儿、改单铣刀为两面刀和圆铣刀等多种改进。

约定的日期一天天临近，赵国有晚上做梦都是在改造工具。经过反复试验，他改进的刀具日臻完善。8月4日试车，一下子创造出2小时20分钟的纪录！

工友们围着赵国有欢呼，车间沸腾了！

但也有人对他冷嘲热讽，赵国有说："人得有良心呀，咱过去吃豆饼还说不定哪天被遣散，现在咱是国家的主人了，咱是在给自己干呢！"他帮助其他工友改进工具，使他们也创造出了新纪录。

赵国有不断革新，试着运用铣、车结合的操作方法，最后，创造出50分钟的历史最高纪录。当时的《东北日报》报道说：

赵国有是东北新纪录运动的创造者，今天他不但成为东北工人的一面旗帜，而且在全国人民面前享有很高的荣誉。

一时间，报纸、电台、电影队都在报道赵国有的事迹，东北人民政府工业部给他发了奖金，厂里还奖励他50尺布……

从工厂到矿山，从重工业到轻工业，天津、北京、上海甚至遥远的边疆，到处燃烧起创造新纪录的燎原之火，创造新纪录成为解放了的中国工人阶级报答祖国的方式。

1950年10月，赵国有代表全国劳动模范在劳模代表大会上致词，并与毛泽东主席合影，留下了本文开头那张弥足珍贵的照片。

我们不能忘记，创造生产新纪录运动不仅是中国工业的伟大革命，更是沈阳工人们为工业发展所做的巨大贡献，这场运动为中华人民共和国初创时期的工业发展书写了浓墨重彩的一笔。

“豆芽”成才

2014年2月8日，“杨建华技能大师工作室”启动仪式在沈阳鼓风机集团中心会议室隆重举行，场面热烈，嘉宾如云，领导讲话，记者拍照……而这个仪式的灵魂人物、首席工人专家杨建华，虽身在熙熙攘攘的人群中，可他的脑海里却不时闪现出他16岁进鼓风机厂时他的第一位师傅的面孔，没有师傅的言传身教，就没有他的今天。

1969年，杨建华入厂做铆工。由于营养不良，他长得又矮又瘦，而在鼓风机厂，铆工的一项重要工作就是抡大锤，老师傅们开玩笑，说他长得像棵“豆芽菜”，怎么能干得了铆工？所以，凡是重体力活儿，师傅都不让他做。

而杨建华心里有一个榜样，那就是“毛主席的好工人尉凤英”。他上学时，每天从铁西工人俱乐部门前过，都能看到宣传板上尉凤英在机台工作的大幅照片。听父亲说在工厂里技术不精的“二溜子”最被人瞧不起。技术不都是学的、练的吗？他从最基本的抡大锤和水电焊学起……一年以后，他已经能一气抡锤上百下了。

20 世纪 70 年代，“文革”还没有结束，而杨建华在学校时曾经是文艺宣传队的队长，所以，有人拉他去搞“运动”。师傅告诉他：“咱工人的职责就是好好干活，别干那些不着边儿的事儿，有工夫看看图纸。”是的，鼓风机厂的铆工只会抡大锤不行，还得会看图纸，会放样。可是，只读到初中的杨建华被看图纸和放样难住了。师傅给了他一本《铆工技术》，说：“看不懂图纸算什么工人？”

杨建华如获至宝，一遍一遍地学，不懂就问师傅，还把自己领悟到的都记下来。一本书，他反复学了三年，把书本上的知识记得滚瓜烂熟。同时，他还读了金属工艺、焊接工艺、机械制图等技术书籍。从那时起，他记笔记的习惯就一直延续到现在。这些文字，成为今天宝贵的铆工技术参考资料。

艺高人胆大。20世纪90年代，沈阳鼓风机厂花重金从德国进口了一台平衡机。可不久，这台机器就出现了故障，德国厂家提出维修费至少要300万马克，时间要6个月！

这么长时间！别说维修费花得冤，时间也耽误不起啊！杨建华和工友们围着这台宝贝机器转悠,琢磨着，咱能不能自己修。在厂领导的鼓励下，杨建华和工友们一边研究，一边把机器拆开寻找故障点，当然，笔记是一定要做的……结果，20天后，他们就让这台宝贝机器正常运转了。德国专家听说后，认为这真是个神话！

神话都是口口相传的，不久德国西门子公司带着图纸找来了，请沈鼓为他们制造一台鼓风机。杨建华看过图纸，开始放样的时候，发现了好几处设计错误。德国设计师认为那是不可能的！直到杨建华当面一一指出，设计师才频频点头，向他竖起大拇指，最后，这些纰漏还是由杨建华给予改进和完善。

2008 年 1 月，杨建华获得国家科技进步二等奖。他在既没有国内外的资料可借鉴参考，又没有制造经验和操作方法可应用的情况下，创造了离心压缩机和大型鼓风机机壳拼装制造技术，填补了国家空白。打破了少数发达国家的技术垄断，仅替代进口产品一项就为国家节省 6 亿多美元的外汇。

杨建华的梦想实现了，2009 年中华人民共和国成立 60 周年时，辽宁评选出 9 位最有影响力的劳动模范，杨建华与他心目中的楷模孟泰和尉凤英并列其中。

2013 年 8 月，习近平总书记来到沈阳鼓风机集团股份有限公司视察时，对杨建华说：“你很了不起！”

杨建华希望他能像自己的师傅一样，借助“技能大师工作室”传承老企业工人的传统，培养更多的“工人专家”。

降龙穿江

2009年3月8日，沈阳迎来了一周内的第二场大雪，气温降至零下20℃。而在北方重工的新、老区两个重装车间，正在热火朝天地同时装配着九台不同型号的盾构机。

这被记者称为“世界级交响乐”的宏大场面，对这场“交响乐”的总指挥、身高一米八的东北大汉曹佰库来说，却是很平常的一天。

30米高的车间，载重150吨的吊车，吊着几十吨重的盾体在空中翻动，架在工装线上由数十节拖车载着的盾构机钢花四溅，一百多名工友，根据总指挥的指令，有条不紊地把近十万个零部件分门别类进行组装……

在一个挂满了图纸的房间里，曹佰库面对九个盾构机图纸，举重若轻，像指挥千军万马的将军一样发布着指令。

然而，像所有的将军一样，曹佰库也是从做士兵开始的，只不过，这个士兵从来也没想过要当“将军”。

曹佰库服役的时候，是个雷达兵。1982 年，23 岁的曹佰库从部队复员，考入沈阳重型机器厂（以下简称沈重）做钳工。他只想当个像父亲一样的好工人，因为父亲是位受人尊敬的劳动模范。

然而，在一个拥有 3 万人的国有大厂，他普通得像一颗螺丝钉。幸运的是，曹佰库遇到了一位技术拔尖儿的好师傅，只是脾气有点倔。有一次，他活计没做到位，师傅上去就是一脚，说他“白长这么大的个子……”

曹佰库虽然当时心里不大舒服，但他知道，师傅是因为对他抱有期望才这样对待他。师傅说得对，自己不能白长这么大的个子，从此，他做事精益求精，处处留心。因为留心了，他发现到处都能学到东西，身边的老工人、书本、图纸、技术员、外国工程师，都是他“偷艺”的对象。

功夫不负有心人。1997 年 5 月，某班组在对中速磨煤机的辊子密封时，产品无一合格。几名技术能手比画了好半天，也没查找出原因。曹佰库来了，他眯着眼看了半小时图纸，再调整火候，连续装 60 个辊子，个个合格。

2002 年，沈重为宝钢制造 5 米宽厚板轧钢热板铰直机，但板体两瓣因块大拼不到一起。外国专家琢磨了一周也没有结果，车间主任急得满嘴起泡。这时，曹佰库提出在板体两侧各设 4 个吊眼的办法，不到半小时两个板体就严丝合缝地连在了一起。

2005 年，沈重接到制造大型盾构机的任务。

盾构机是什么？曹佰库和沈重的技术人员去清原考察后才知道，就是修地铁、钻隧道用的机器。这种机器，一旦进入地下，就只能进，不能退了。如果机器真出现了大故障，就只好在它的上方打一个竖井，把机器拖到地面。可偏偏，曹佰库他们接的第一个盾构机是打长江隧道的，上面是滚滚的长江水啊！

曹佰库仍记得他当时的心情有多么复杂，既兴奋，又担心。图纸到了，有上千张，摞在一起有一米多高，他连续看了15天，眼睛都看花了，可是，心里亮堂了。他对工友们说：“别看这个家伙大，其实，就像个电动剃须刀。”

可是这个大“剃须刀”毕竟有几层楼高，零部件上万个，装配精度要求极高，他们从零起步，谈何容易。车间里150吨吊车的起重能力就不够，如果按法国专家的意见，需添置两台吊车和工装辅具，投入上千万元，交货期也要延长。

曹佰库琢磨了三天，提出不买设备，不添工装辅具，只要改动一下盾体吊耳位置，让盾体重心前移，变完全空中作业为半空中作业。曹佰库用理论和数据说服了专家，试验结果一举成功。

第一台盾构机出厂的时候，沈重举行了隆重的庆祝仪式。人群中的曹佰库也很兴奋，可他更多的是牵挂，就像把自己长大的孩子送出去一样。

直到一年多以后，这台直径 11.38 米、长 60 米、重 1200 吨的盾构机，最终经受了长江江底高水压、大断面和极其复杂的地质条件考验，在 60 米深的江底正常运行了 475 天，把长江隧道成功贯通，曹佰库才把心放下。那天，他喝了酒。他用两个字形容当时的心情：舒坦!

仅仅经过 4 年，曹佰库和他的团队多次攻克世界级技术难题，创造了 27 天装配一台大型盾构机的世界纪录，不仅填补了中国盾构机装配制造领域的空白，还一跃追赶上了世界最大的盾构机老牌制造商德国海瑞克公司。他们亲手装配的 22 台各种类型的盾构机已经在国家多个重点建设项目——青海大型调水工程、武汉长江过江隧道工程、广深港铁路客运专线狮子洋隧道工程、北京铁路地下直径线工程中一展身手。

2009 年 3 月 12 日，市总工会把这个铁军一样的团队，正式命名为“曹佰库团队”，并把“工人先锋号”

的锦旗颁授给这支团队。

最让曹佰库自豪的是，2010 年他获得“全国劳动模范”称号。他对父亲说：“爸，儿子没给您丢脸。”他把自己的奖状和父亲的劳动模范奖状并排挂在一起。他希望这成为家里的传承。

工业殿堂

你知道我国有这样一座博物馆吗——还没开建可它已经存在了半个多世纪，还没征集文物可它已经有了数千件藏品，才开馆可它已经接待了数十万观众，这就是 2012 年 5 月 18 日正式对外开放的中国工业博物馆。

中国工业博物馆坐落在沈阳市铁西区卫工北街 14 号，占地面积 80000 平方米，建筑面积 60000 平方米，展陈面积 40000 平方米，目前有八个展馆对外开放，藏品达 30000 多件，是中国最大的综合性工业博物馆，是世界大型工业博物馆之一，是中国工业文化的殿堂。

改革开放以来，中国的博物馆事业得到了迅速发展，改革开放前全国的博物馆不到 350 个，截至 2015 年 5 月，我国的各类博物馆已经达到 4510 个，其中专题类博物馆达 320 个，工业类博物馆约占三分之一，在近百个工业类博物馆中，无论规模，藏品，中国工业博物馆都独占鳌头。

中国工业博物馆作为中国工业文化的殿堂，最大的优势不仅仅体现在规模和数量上，而在于它植根的肥沃的土壤、原生态的展馆和藏品、渐进式的建设发展和深厚的人文底蕴，一句话概括就是它深刻的工业文化内涵。

沈阳的地缘优势毋庸置疑。作为“共和国装备部”“中国重型工业的摇篮”“中国机床工业的故乡”，在解放初和“一五”“二五”期间，为新中国的解放、抗美援朝、三线建设、中国工业体系的形成做出过不可替代的贡献，是共和国工业的长子。改革开放以来，特别是在中央关于振兴东北等老工业基地的政策支持下，沈阳市铁西区从一个驻扎着几百家重工业企业的地区，迅速转变为生态宜居地区，2008年荣获目前全国唯一的联合国人居署“全球宜居城区示范奖”，2009年被评为“新中国建国60年60大地标”之一。众望所归，有着雄厚的工业文化积淀的沈阳是建设中国工业博物馆最佳城市之一。

原生态的场馆不可复制。中国工业博物馆的原址是亚洲最大铸造厂——沈阳铸造厂，中国工业博物馆建筑的中心部分就是沈阳铸造厂的大型车间，该车间建于20世纪50年代，建筑面积近20000平方米，2007年4月17日炼完最后一炉铁停业，全部设备原封不动保留。在这个基础上扩建的中国工业博物馆，在某种意义上说不是在旧厂房的基础上改扩建的，而是建在工厂里的博物馆——在博物馆的上空整齐排列20台不同型号的桥式天吊，在博物馆的南墙和博物馆的中心静静地矗立着四座冲天炉，其中有两座10吨冲天炉，一座1800立方米亚洲最大的储砂池，一条完整的砂处理线，两座大型烘干窑，三座大型焖火窑，一套大型抛丸室，两组大型震动除砂机，等等，这些当时都是我国铸造行业最先进的设备，现在都是中国工业博物馆珍贵的藏品，由于其原生性、历史性、真实性和成套性，决定了这些藏品是世界上任何博物馆都无法征集和复制的。

渐进的建设确保了它的不断完善，中国工业博物馆不是从天而降，也不是一蹴而就，而是在 2007 年 6 月18日对外开放的沈阳铸造博物馆的基础上改扩建的。沈阳铸造博物馆是专业的铸造文化展示馆。当时主要展示铸造设备、铸造工艺、铸造工具、典型铸件和工人生活状态。运行五年接待数十万观众，积累了一定的建馆经验，在此基础上省市决定扩建为中国工业博物馆。又经过两期建设，征集到除澳门、西藏、新疆外所有省市的重要工业藏品，得到多个国家行业协会的支持，目前已经建成通史、机床、汽车、铸造、重装、冶金、机电、铁西八个馆和两个露天展区,各项工作还在不断完善中。

深厚的工业文化底蕴无与伦比，沈阳的工业文化已经有百年的积淀，从劳模主题公园到工业主题广场，从工人生活馆到 1905 创意产业园，一个个共和国工业

第一，一条条“工”字街、“业”字路，一座座工业主题雕塑，一尊尊劳模群像，无不彰显沈阳工业文化的内涵，而中国工业博物馆更是名副其实的中国工业文化的殿堂。

岁月无声

中国工业博物馆广场的地面上，镶嵌着七块巨大的钢板，记载着中国现代工业的起步以及七个重要的足迹。

第一块钢板记载的是 1860 年两江总督曾国藩创办的安庆军械所，距今已经有 150 多年了。当时，军械所集合了一批中国著名科学技术专家，如华蘅芳、徐寿、龚芸棠、徐建寅、张斯桂、李善兰、吴嘉廉等，有工人上百名。1862 年，安庆军械所制造出我国第一台蒸汽机和一艘小火轮。曾国藩曾感叹道“窃喜洋人之智巧，我中国人亦能为之，彼不能傲我以其所不知矣。”

第二块钢板记载的是汉阳铁厂。1890 年，湖广总督张之洞为“自强、求富”，在武汉大力推行兴实业、办教育等新政，除创办了汉阳铁厂外，还有汉阳兵工厂、汉阳火药厂、汉阳针钉厂、汉阳官砖厂等，在汉阳龟山至赫山临江一带，形成蔚为壮观的十里“制造工业长廊”。其中，汉阳铁厂 1893 年 9 月建成投产，是中国近代最早的官办钢铁企业，被西方视为中国觉醒的标志。张之洞不会想到，百余年后，中国钢铁产量已居世界第一。

第三块钢板记载的是 1917 年由“中国民族化学工业之父”范旭东创办的天津永利制碱公司。他开创了中国化学工业的先河，产品“红三角牌”纯碱，作为中国生产的化工产品首次出口海外。在 1926 年美国费城世界博览会上，永利碱厂生产的纯碱获得了金奖和证书，证书中称永利碱厂为“发展中华民国主要化学工业之象征”。

第四块钢板上记载的是 1956 年长春第一汽车制造

厂生产出的第一辆解放牌汽车。中华人民共和国成立前，在我国的公路上行驶着130多种不同牌号的汽车，却没有一种是中国制造的。解放牌汽车的问世，结束了我国不能生产汽车的历史。第一批下线的解放牌汽车参加了1956年的国庆阅兵式，之后一部分汽车在天安门展出，当时，无数民众争相目睹国产汽车的风采。

第五块钢板上记载的是1961年江南造船厂研制成功我国第一台12000吨水压机。万吨水压机建成后，为国家电力、冶金、化学、机械和国防工业等部门锻造了大批特大型锻件。半个多世纪了，这台水压机仍在正常运转。

第六块钢板记载的是1970年我国第一颗人造地球卫星——东方红一号上天。这是由钱学森任首任院长的中国空间技术研究院自行研制的。该卫星设计的工作寿命为20天，但它实际在太空中工作了28天。中国是世界上第五个用自制火箭发射国产卫星的国家。

第七块钢板记载的是2003年10月15日9时9分50秒，我国自行研制的第一艘载人飞船“神舟五号”

发射升空。大约 21 个小时后，神舟五号飞船在环绕地球 14 圈之后，成功着陆。这标志着我国首次载人航天飞行获得圆满成功。从此，中国成为世界上第三个独立掌握载人航天飞行技术的国家。

这记载着我国工业七个足迹的七块钢板，本身就是有故事的历史纪念物，它们原是沈阳有色金属加工厂车间的承重铸铁地板，每块重约 1000 公斤，它们在车间里已经和工人朝夕相处了半个多世纪，表面的每一个痕迹都记载着一个故事，记载着中国工业前行的脚步。

一桩桩民族工业艰辛的创业史，一个个新中国工业的里程碑，让人们永远记住过去，记住为我国工业发展做出贡献的人们。

铁流凝变

即使你没有去过工厂的炼钢车间，即使你没有看到过钢水出炉时的情景，只要你走进中国工业博物馆的大厅，就可以感受到那种热火朝天的场面，因为扑面而来的就是一个展现火热的炼钢车间的大型雕塑——轰鸣的机器、忙碌有序的工人、钢水出炉时的欢呼。那一炉通红的钢水，让人切身感受到灼人的温度！

这座高 11.5 米、长 22 米、净重 50 吨的中国最大的工业题材的青铜雕塑“铁流凝变”，采用蒙太奇的手法，打破传统的长方形二维浮雕模式，整体采用三角形构图，将中国工业文明的各个元素融入新中国第一炉钢水出炉时的壮观场景中，具有强烈的视觉冲击感，体现工业文化精神的力量和震撼，展现了中国工业恢宏磅礴的气势。

1949 年 10 月 31 日，沈阳重型机器厂炼钢车间 2 号平炉炼出了新中国第一炉钢水！

钢的产量，就是国力的象征。那时，多年的战争让我们脚下的这块土地几乎成焦土，建设新中国，急需钢材。可是，炼钢所需的厂房、设备、原材料，什么也没有。然而，有我们沈阳的产业工人，就有希望。当时的鞍钢，为新中国炼出了第一炉铁，我们沈阳工人，炼出了新中国的第一炉钢！

如今，这个被艺术家命名为“铁流凝变”的青铜雕塑，展现的就是这第一炉钢水倾泻而出的瞬间。浮雕画面展示了宽敞的车间、高高的塔罐群、轰鸣的机器、转动的齿轮、纵横交错的管线、飞溅的钢水、和热情饱满的工人。远景是由工业厂房的钢架结构、油田的井架烘托出的工业气氛的背景，中景展现了钢水铸造设备组成的工业时代气息，近景则着重刻画创造工业文明时代的人，所有这些元素均由中国第一包飞流直下的钢水流淌演变而成。

由青铜展现的自上而下倾泻飞溅的钢水，冲破了画面的寂静。凝固的虽然是瞬间，但呈现的却是动态的明天。这铁流凝固的不仅是中国工业历史，也是中国工业的文化和内涵，凸显出的主题是：**无论是中国工业的历史、现在还是未来，都将繁荣、稳定、持续地发展下去。**这分力量代表了中国工业的强劲发展态势，堪称中国工业文化最强有力的艺术诠释。

那火红的年代，那火热的日子，对老铁西人，对沈阳人，对中国人，都是一段无法忘却的记忆。没有经历过那个激情年代的人们，不会理解那个年代的人为什么会有那样高涨的热情，为什么会有那样无私奉献的精神，为什么会涌现出孟泰、马恒昌、王进喜等一批时代英雄，然而，站在“铁流凝变”面前，我们似乎理解了：中华人民共和国像一轮喷薄而出的红日，尝尽百年屈辱的民族终于昂起了头，军阀混战、民不聊生的日子终于结束了，中国人民终于站起来了！作为国家的主人，他们开始建设自己的新中国！

首枚国徽

在艳粉街道一栋普通的居民楼里，沈阳第一机床厂 80 多岁的退休工人吴嘉祜老人有个习惯，每晚七点的新闻联播节目开始时，他无论在做什么都要暂时放下，盯住电视屏幕，直到国歌结束。

儿女们知道，老人是在看他的“国徽”呢。是的，那个悬挂在天安门城楼上的国徽，是在他和工友们的手上诞生的。他熟悉国徽上的每一个纹路，因为在国徽还是“璞玉”时，那上面的每一个小小的疵点，都是经他的手化为神奇的。

已经过去 60 多年了，可当时的情景还时常出现在老人的梦境里。梦中的他甚至还在为解决一个技术细节想办法……

1950 年 7 月，沈阳机床一厂（当时的沈阳第一机器厂）接到了铸造新中国国徽的光荣任务。厂领导挂帅成立了由 19 号铸造车间铸造班焦百顺、陈喜芝、曹富、陈国俊和钳工吴嘉祐等十几名技术尖子组成的“政治可靠、技术过硬”的攻关小组。

吴老说：“当年我虽然只有 20 岁，但已经是厂里的技术尖子，还是共产党员。当师傅通知我进国徽小组，我当时……我……”提起当年的情景，老人还激动得热泪盈眶，哽咽得说不下去。

按照设计要求，国徽高 2.4 米，宽 2.0 米。这么大的成品，要求分毫不差，而当时设备简陋、工具落后，只能凭借工人师傅的经验手工操作。

那些日子车间里灯火通明，大家忙碌却有条不紊，心中都怀着一种神圣感，离家近的回家吃一口饭便马上跑回厂子，离家远的干脆就不回去了，饿了吃口干粮，咬口咸菜，困了披件棉袄就睡在国徽的模具旁……

吴嘉祐负责国徽的抛光工序，他们自制了许多小工具，将国徽毛坯表面凹凸不平的地方打磨干净，将有瑕疵的地方修补完整，再进行整体抛光，最后，打磨出如镜面般光亮的国徽。

要验收了，吴嘉祐形容当时的心情“紧张得连呼吸都要停止了”。他和他的工友们站在国徽后面屏息等待。验收人员仔细检查着国徽的每一个细节，吴嘉祐感觉时间过得好慢啊！他的心跟随着验收人员的目光，在国徽上轻轻拂过，那些忘我的日子，那一幕幕挥汗如雨的画面，此刻，都清晰地浮现在他的眼前……不知过了多久，只见验收人员轻轻点点头，转过身来说：“师傅们，辛苦了。”

吴嘉祐感觉自己像是在梦中，他说：“听完，我的眼泪，就流下来了……”

1951年5月1日在全国人民欢度国际劳动节那天，凝聚着沈阳工人阶级心血和智慧，包含沈阳人民爱国深情的第一枚金属国徽，悬挂在天安门城楼上。

为了永远留住国徽的记忆，2012 年 4 月，中国工业博物馆邀请吴嘉祐老人指导工人完全按当年的工艺，制造一枚同等规格的国徽。厂房内，吴老在现场指导工人将两个巨大的国徽砂型合厢，将融化得通红的铝水缓缓浇铸进去……铝坯成型后，工人们做精加工，再经过喷漆和贴金，历时整整一个月，终于为中国工业博物馆复制出与悬挂在天安门城楼上同等规格的国徽。

此后，吴嘉祐老人又多了一份牵挂，他时常到中国工业博物馆去看他的“国徽”，站在国徽面前，那些激情燃烧的岁月就会浮现在他的脑海，他也常常把国徽的故事讲给游客。

如果说沈阳是共和国的长子，那么，挂在天安门城楼上那枚金光闪闪的国徽，就是共和国长子奉献给祖国母亲的一片赤子之心。

“争气”拖拉机

2013年8月20日，中国工业博物馆铁西馆正式对外开放，首次进入铁西馆的一群少先队员被陈列着的一台“创造号”蒸汽拖拉机1∶1仿真模型吸引住了。有的问，为什么叫“创造号”，有的问，拖拉机为什么用蒸汽，工作人员为小朋友详细讲解了这台模型的来历。

1954年，抗美援朝战争结束，原国家机械十九厂也结束了军工产品生产任务，开始转向农业机械的生产，主要生产播种机、饲料粉碎机、钉齿耙等农业机械。

1958 年，大跃进开始，厂领导一直琢磨着，农业机械的代表是拖拉机，可当时我们国家还戴着“贫油国”的帽子，拖拉机没有油可怎么开？

工人，永远是推动工业进步的巨大力量。厂里的“万能技工”王宝知道了厂领导的想法后，他提出，没有油，咱可以造一台烧柴火的蒸汽拖拉机嘛，不是已经有蒸汽火车吗？几位工程师也觉得这个办法可行。于是，王宝、谢守昌、乔铁旺、张士琪四人牵头开始研制这台振奋人心的新家伙。

可是，当时两手空空，无图纸无资料更无实样，但人的智慧一旦被调动起来，就有无穷的创造力。他们利用库房里的废料及美国报废汽车上的转向器、前后桥、变速箱、轮胎等，先支起了拖拉机的雏形，又借鉴火车蒸汽机原理，画出拖拉机用的蒸汽机草图。

一听说要造拖拉机，全厂工人都兴奋起来，各个车间大开绿灯，要人给人，要物给物。加工汽缸需要镗床，可厂里当时没有，几名老工人一琢磨，将一台老式皮带车床改制成一台简易镗床，加工出了合格的汽缸。

那时，好事总是自动被插上翅膀到处传扬，当时担任市委书记的焦若愚知道了研制蒸汽拖拉机的事儿，两次来到工厂，鼓励工人和技术人员早日研制成功。我们国家需要拖拉机啊！

被需要，是一种责任，更是一种神圣的力量！

为了赶进度，工人和技术人员把行李卷都搬到了车间。后勤人员也调剂饭菜，增添花样，保证大家吃好，全厂上下热火朝天。

不到100天，原来两手空空的人们硬是造出了这台蒸汽拖拉机！这家伙长3米，高1.7米，轮式18马力，模样像个小号火车头。

焦若愚书记打来电话表示祝贺，并让大家准备一下，带着这台蒸汽拖拉机参加第二天庆祝五一的游行活动。

第二天早晨还不到6点，焦若愚书记就来蒸汽拖拉机旁，他仔细地看了又看，然后，对在场的工人们说："这是你们的创造号，是工人阶级的创造号！"

人们激动地拍起了巴掌，锣鼓敲起来，鞭炮放起来。

“创造号”三个金黄的大字被写在了蒸汽拖拉机的机身上，在欢快的气氛中，工人们用红旗、红绸、红花精心地打扮着蒸汽拖拉机。王宝穿着一身新工作服披红挂彩地坐在拖拉机驾驶座位上，他当着焦若愚书记的面点着了火，开始起动机器。汽笛长鸣，王宝激动得眼泪都流出来了。大家簇拥着“创造号”蒸汽拖拉机开出厂子，向庆祝游行的集结点市府广场驶去。在簇拥的人群中，有几个人，是跟在拖拉机后面，往里面添劈柴棒子的，还好，这个大家伙还挺争气的，半天的庆祝游行胜利结束了。拖拉机凯旋，离厂门还挺远，迎接它的人们就欢呼雀跃起来，胜利了！成功了！

三个月后，工厂正式更名为沈阳拖拉机制造厂，先后研制出丰收－27、东方红－28、东风－28，东风－40，双马－50、双马60、4450CL160马力拖拉机，成为我们国家轮式拖拉机生产的重要基地。

没有那个年代人们的敢想敢干、敢为人先和忘我奉献精神，就不会有沈阳拖拉机制造厂及整个沈阳农机行业的由小到大，由弱到强，就不会创造出一个又一个辉煌。

听完讲解员的讲解，小朋友说：我们明白了，这台模型太珍贵了，它真实再现了新中国第一台拖拉机是什么样，更让我们知道了沈阳的工人叔叔真的能创造。蒸汽拖拉机，更是“争气”拖拉机。

后方战斗

在北京中国人民革命军事博物馆的展柜里，珍藏着一把十字镐，旁边的展示牌上写着“功勋武器”。原来，中国人民志愿军在初到朝鲜的云山战斗中，副班长赵顺山为了完成“卡住逃敌”的任务，带领战士与敌人展开肉搏，关键时刻，他抽出了正在与敌人搏斗的战友背着的这把十字镐,刨死了三个美国士兵,荣立一等功!

当 93 岁的祝德义老先生看到这张“功勋武器”的照片时，一眼就认了出来：“没错，这就是我们厂当年生产的十字镐。”

为了展示这场特殊战斗，我们在中国工业博物馆铸造馆进行了场景复原，下面是志愿军修工事的阵地，上方的大投影里祝德义老先生正在讲十万把军镐的故事。

祝德义曾在沈重担任副厂长和副总工程师，退休前是国内重型机械制造业的知名专家。

1950 年秋天，刚刚恢复生产的沈重（当时叫沈阳实验工厂）接到机械局传达的命令，要求他们两个月之内造十万把军镐送上前线。

当时，上级给他们的只有一张图纸和一堆技术参数，还有工期进度要求，其余什么也没有。

那时，工厂的元气还没恢复，修修补补还凑合，一下子接受这么艰巨的任务，全厂上上下下都没有底。“可上级把这么光荣的任务交给我们，那是对我们莫大的信任啊！”每位工人都愿意为抗美援朝多出一份力。

造军镐的第一道难关就是“无米下锅”。祝老说：“那时候刚解放不久，哪有那么多现成的钢材？”厂领导就发动全厂工人弟兄捡拾废钢铁自己炼钢。那时，人心也真叫一个齐，只两天时间，“米”就差不多了，有的工人把家里的旧铁锅、铁饭勺都拿来了。

但当时的沈阳实验工厂是生产“重型”机器的，他们的一炉钢水是30吨，用于造军镐，那是“大炮打蚊子”，使不上劲儿。

当时的炼钢车间副主任祁宝仁反复试验，琢磨出了“叠芯串铸”新工艺。就是在一个砂箱里一层一层叠放造军镐的砂模，用1.5吨小电炉冶炼35号钢，像香蕉串似的一次浇铸若干个小型铸钢块，一个模块就是一个镐头的钢料。这样就减少了切割和锻造的工序，使进度大大提高。

可这样一来，清砂工作量成倍增加了。祝老说：“当时的干部真是吃苦在前，他们住在厂里连班清砂。”

困难一个接着一个，军镐浇铸成型后，下一道工序是锻造，而厂里只有一台自制的0.5吨小锻锤，十万把军镐要锻到什么时候？前线的战士还等着用呢！市政府得知情况后统一协调，将一部分军镐锻造任务分散给全市各个企业，包括私营的铁匠炉手工打造，工厂派出监造人员进行技术把关。

锻造工序之后，还要按照技术标准进行打磨毛刺、镐头碾尖、磨扁、开刃、淬火等一道道后续工程。为了增加镐头硬度，确保战场修筑工事攻无不克，镐头要一头尖，一头扁，两头淬火。工人们心里想着前线战士，每一道工序都力求做到最好。

军镐全部工序完成后，还要逐个过秤称重，重量超出的，要打磨下去。因为战士们要背着镐头行军打仗，太重了会增加负担。经检验每道工序全部合格之后，镐头涂上黑漆，打包分批发运到目的地，抢在志愿军过江前分发到战士手中。至此，生产军镐任务才算完成。

1950 年初冬，志愿军走过鸭绿江的冰面时，背包上都有一把军镐，那就是沈重工人们在短短两个月时间内赶制出来的！

让他们没想到的是，志愿军战士还用这把军镐来敲碎敌人的脑壳，让它成了“功勋武器”！祝老说：“这说明我们的镐头质量是相当过硬的，因为这些钢铁里面有我们沈重工人家里的锅和饭勺子。”

特殊献礼

中国工业博物馆通史馆陈列着一台大型弯管机，这台机器最醒目、最特殊的标志是，在机身的两侧镶嵌着六个鲜红钢质大字“抓革命促生产”。是的，这台弯管机是“文革”时期的产物，是沈阳锅炉厂的工人和技术人员为解决生产急需，自己动手设计制造出来的。这台特殊历史年代的产物，记载着一段特殊的历史。

1974年年初，沈阳锅炉厂接受了一项国家下达的紧急任务，某战备工程需要一台大型锅炉，要求年底前交货。厂领导班子和工人、技术人员组成技术攻关小组，设计人员很快设计出了图纸，加工车间的工人开始精心制作，一切进展顺利。但是，一个重要的部件——大口径弯管，他们自己没有，找遍所有协作单位，也没有。

消息报告到上级相关部门，答复是：交货的时间必须保证，天大的困难都要想办法解决。

沈阳的工人是一群困难吓不倒的英雄汉。1948 年，工人兄弟们从一片废墟上把工厂重建起来，用废旧零件让机器重新运转起来。锅炉厂领导组织技术攻关小组开会，研究解决方案，并提出了“大干 60 天，国庆节把礼献”的口号。攻关小组的技术人员和工人们把行李搬到工厂，加班加点，夜以继日，反复研究反复实验，终于抢在国庆节前制造出了这台大型弯管机。这台弯管机，能把直径 159 毫米的无缝钢管弯到 45–90 度，保证了战备任务的完成。

为了记住这段特殊的历史，工人用厚钢板切出毛主席的语录“抓革命促生产”6 个大字，并涂成红色，焊在弯管机的两侧，使这台机器打上了 1974 年 10 月 1

日那段特殊历史年代的烙印。四十多年过去了，我国已由备战备荒年代走到了新时代。如今我国的经济总量世界第二，但是必须让后人知道，即使在动荡的年代，沈阳的工人们仍然在生产、在创造。沈阳的工人是当之无愧的共和国工业大军中一支不可战胜的王牌军！

井盖余音

小宋平时上班都是开自己的“坐驾”，但他每周总有两天要跑步上班。他跑步的时候不是直奔单位，而是一会儿穿进小胡同，一会儿又趁着快车道上车少，跑到快车道上……

2010年初，小宋来到正在筹建的中国工业博物馆，对工作人员说，要为他们提供藏品信息。他带着博物馆的工作人员来到马路上，当时正是数九寒冬，室外的气温零下20多度，小宋带着大家沿着他平时跑步的路线，一路走，一路看，原来，小宋说的藏品是马路上的老井盖。

一行人步行近3个小时，从北四路到南七路再到肇工街、应昌街、小五路、大六路、大七路，13个不同时期、各具特色的老井盖铺陈出沈阳波澜壮阔的工业发展史。

20世纪20年代带奉天标的井盖——那时铁西工业刚刚起步，也许是冯庸大学的实习工厂留下的。1927年冯庸怀着“工业兴国，先育人才”的理想，举全部家产在沈阳创办冯庸大学。冯庸大学的前身是大冶工科学校，创办于1924年，直属于冯庸所创办的大冶铁工厂。大冶铁工厂位置在小西边门外，产品是炸弹、手榴弹。

20世纪30年代带满铁标的井盖——1931年九一八事变后，东北沦陷，日本通过操纵伪满傀儡政权，逐步垄断沈阳工业。特别是卢沟桥事变后，为满足战争需要，日本对东北地区的殖民掠夺日益加剧，沈阳成为侵略者重要的军工产品生产基地，同时，他们强行限制中国民族工业的发展，对规模较大的民族企业强行入股，或强行介入管理，尤其是对工业原材料的供应进行严格限制。

20世纪50年代带企业标的井盖——1948年11月2日沈阳解放，在中国共产党的领导下，沈阳的工人以主人翁的姿态恢复工厂生产。1949年1月，沈阳冶炼厂正式开炉，成为新中国最早恢复生产的有色金属冶炼企业。1949年4月，沈阳实验工厂翻砂场恢复生产，11月6日，该厂工人利用废旧零件，奇迹般地修复了2号平炉，炼出了第一炉钢水。经过三年多的恢复建设，使昔日的工业废墟焕发出勃勃生机，到1952年底，驻区大型国营企业达到82个。

还有一个20世纪60年代的井盖清楚地标明了年月日。20世纪60年代初，我国正处于困难时期，苏联单方面撕毁了和我国签订的600份合同，撤走专家，留下一大批“半截子工程”。面对这种局面，以吴家柱、林海丰、吴大有为代表的沈阳工人，率先发起群众性职工技术协作运动，共同攻克生产技术难关，这一运动迅速传遍全国，一直延续至今，被誉为“中国工人阶级的伟大创举”。

这些小小的井盖真实地记录了沈阳工业发展的历

史和轨迹，也记录了日本侵略中国的史实。

原来，小宋是个有文化、有修养并有着老工业情结的年轻人，当他发现这些还在服役的老井盖后，就悄悄地放在心上，并时常借跑步机会，去查看一下它们是否安全。现在，他把这些珍贵的历史文物信息告诉了中国工业博物馆的工作人员，觉得自己才算尽到心。

最终，在城管部门的支持和协调下，这13个承载着历史信息的井盖，全部收藏到了博物馆，并将部分安装在博物馆的广场展示，让这些岁月留痕的老井盖慢慢地述说那段难忘的历史。

U-2 克星

原来，那个传说是真的！

原来，那个传说中能把飞在 23000 米以上高空、高得人眼都看不到，高射炮打不到的美国高空侦察机打下来的导弹，是咱们沈阳造的！

在中国工业博物馆通史馆，我看到了这件神器——红旗 -2 号防空导弹。它是我们沈阳人的骄傲，也是全中国人民的骄傲，因为它是在祖国防空急需的时候，由我们沈阳的军工企业研制并生产的。它大长了中国人的志气，大灭了美帝国主义的威风。

20 世纪 60 年代初，美国为配合台湾阴谋反攻大陆的计划，不仅派军舰侵入我国的台湾海峡，还频繁派当时世界最先进的侦察机——U-2 高空侦察机侵入我国领空。这种侦察机飞行高度达 23000 米至 27000 米，全天候执行高空侦察任务，其搭载的长焦距航空照相机能在 18000 米高空对地面人员和军事设施进行高分辨率的记录，对我国的国防安全构成重大威胁。而当时我国最先进的高射炮射高才 13000 米，最先进的战斗机升限仅 10000 米，我们当时仅有的仿苏 SA-2 生产的红旗 -1 导弹对美国的 U-2 高空侦察机也力不从心，可望而不可即。

美国靠先进的技术优势，傲视我国没有先进武器进行还击，进入我国领空如入无人之境。为了尽快反击美国的空中入侵，1965 年初，党中央把研制红旗 -2 防空导弹的光荣任务交给了沈阳某军工企业，在中央的协调下，全市相关部门全力支持，军工企业的干部、职工和科技工作者，认真总结红旗 -1 导弹的研究经验，针对预打击目标的特点和相关技术数据，在红旗 1 号的基础上进行多项技术改进，扩大杀伤空域，提高抗干扰能力，改善战斗使用性能，终于在 1967 年 6 月 27 日生产出合格的定型产品——红旗 -2 防空导弹。该导弹由二级火箭组成，一级火箭由固体燃料推进器、连接舱和稳定尾翼组成，用于起飞加速；二级火箭由战斗部、无线电引信、液体火箭发动机、导弹控制系统和弹体组成。红旗 -2 防空导弹弹长 10.8 米，弹径超过 500 毫米，弹体重量 2.3 吨，战斗部载荷超 200 千克，最大速度超过 3.5 马赫，最大射高达 2.7 万米，随即秘密装备部队。

同年 9 月 8 日我空军防空导弹部队，在浙江嘉兴用新研制装备的红旗 -2 导弹成功击落美国 U-2 高空侦察机 1 架，之后又连续击落美国入侵的 U-2 高空侦察机 3 架，来一架消灭一架，把美国的 U-2 高空侦察机打得魂飞丧胆。红旗 -2 号防空导弹成为名副其实的 U-2 高空侦察机的克星，U-2 高空侦察机从此再不敢进入我国的领空。

红旗 -2 导弹从装备部队那天起，一直扮演着我军唯一防空导弹的角色，直到 21 世纪初，才逐步被新型号的导弹接替。红旗 -2 导弹作为部队主力防空武器，守卫祖国的领空长达 30 多年，成为我国导弹家族唯一参战的导弹，唯一立过战功的导弹。

中国工业博物馆的这枚红旗 -2 导弹就是在保卫祖国领空的哨位上坚守了 30 多个春秋，光荣退役后，被博物馆珍藏并展示其风姿,是那段难忘历史的实物见证。

守卫祖国的是英雄，我们致敬！那些为保卫祖国研制出克敌神器的沈阳的工人和科研人员,同样是英雄，我们向他们致敬!

伙伴机车

2014年10月24日，沈城的天空万里无云，坐落在沈阳老铸造厂旧址的中国工业博物馆，迎来了20位尊贵的客人——1316机车最后一任司机长于运杰等五任司机长以及多任机车组司机，他们相约来看望曾经与他们风雨同舟的老伙伴“前进1316”。

“1316”的20位老伙伴，虽然与它相处的年代不同，时间长短不同，但见到它都很激动，毕竟风风雨雨，他们一同走过。

QJ1316号蒸汽机车是中国人自己设计、1972年由大同机车厂制造的，代表了当时国产蒸汽机车的最高水平。服役27年间，主要运输鞍钢的钢材、抚顺的油和煤炭，并多次承担战备和抗灾物资的运输任务。1995年6月19日，第一任司机王兴凯实现首创300趟安全正点，获得嘉奖。

“1316”的最后一位司机长于远杰还记得，他们执行最后一趟任务的路上，大家不约而同地回忆起与“1316”相处的日日夜夜：有一次下大雪，爬弓长岭那个坡，这老伙计一气到顶，一点也不含糊；有一次搞节能竞赛，“1316”稳拿第一，“1316”就是个老黄牛，吃得少，力气大……

车到苏家屯站，“1316”的最后一趟任务圆满完成，可是，大家都没有离开，把他们的老伙伴上上下下擦得干干净净。于远杰告诉大家，多放点机油，要不然，放在那风吹日晒的，谁照顾它。

于远杰一步三回头地走了，蒸汽机车从此留在他的心里，成为他的一个梦。

蒸汽机车是第一次工业革命的产物，从1814年英国的第一台蒸汽机车“布拉策”号上线，蒸汽机车已经为人类服务了两个世纪。我国从1880年造龙号机车到1998年前进机车停产，有108年的造车史，从1876年淞沪线通车到2005年蒸汽机车停用，有129年的蒸汽机车使用史。不知有多少人心里都有一个这样的印记——巨大的喷着白色蒸汽的黑色火车头。那是一个时代的象征!

1999年12月5日QJ1316蒸汽机车正式退役后，我国开始了内燃机车、电气机车和高铁时代，可他的老伙伴们说，他们还常常想起与“1316”相处的岁月，常常想起那一身油渍的工作服……他们把珍藏多年的由铁道部颁发“1316”机车的行车证和在“1316”上使用过的工具捐赠出来，让它们代表自己和老伙计做个伴儿——它过去多辉煌啊！现在，孤单单地停在这里。

于运杰说：“看到它，就像看到亲人一样。年轻时候开它属实是种体力活，机车得上21吨煤、15吨水，煤要一锹一锹送进锅炉，劳动强度非常大。现在我开内燃机车，虽然工作轻松了，但不知怎么，特别怀念那段日子。对它，有一种特殊的情怀。”

于运杰对博物馆馆长说：“给我的老伙伴搭个棚吧，看到它被风吹日晒，我这心里不好受，它可是位功臣啊！”

又要与“1316”告别了，于运杰拍着他的老伙伴，似有千言万语，可他什么也没说，默默地走了。从后面，能够看到于运杰偷偷地揩拭着眼睛。

钛徽由来

2012年4月9日，中国工业博物馆的工作人员受邀来到沈阳冶金研究所，见到了传说中冶金研究所的镇所之宝——钛徽。

这枚钛徽，是1984年在北京举办的全国首次钛工业成果展览会上，沈阳冶金研究所用73公斤的钛精心设计制作的展会会徽。展会结束后，研究所把这枚会徽珍藏起来。

有几次，研究所出现资金困难，有人提出，这73

公斤的钛是一大笔财富，为什么不拿出来用？但研究所领导左思右想，还是没舍得。

钛是三大轻金属（铝、镁、钛）之一，也是最重要的稀有金属，是航空航天、舰船、核工业的重要材料，被称为战略金属。我国的钛工业在1954年第一个五年计划中起步，1958年8月炼出国内第一块重1公斤的钛锭。1978年改革开放，钛工业得到迅速发展，1984年在北京举办全国首次钛工业成果展，当时国家把这次重要展览的展徽制作任务交给了沈阳冶金研究所，一是该所是全国从事钛研究较早的单位之一，二是该所研制出我国第一个潜艇用钛合金螺旋桨，解决了国防的急需，三是该所拥有当时国内最大的100公斤真空自耗电弧炉，这是制作钛徽的硬件设备。

沈阳冶金研究所接到任务后，设计了一枚圆形展徽，直径1.2米，周围是金色的齿轮，背景是淡蓝色的地球，中间是中国地图，地图上用鲜艳的红色突出钛的元素符号TI。设计得到了组委会的一致认可。

于是，沈阳冶金研究所精心铸造的这枚重73公斤的展徽，挂在展厅的正中，受到参观者的一致好评。这枚展徽也创造了当时最大的钛铸件纪录，是当时的中国之最。

1996 年 7 月，该所接到了一个重要的试制任务。可是，当时中国社会的改革发展正遇到瓶颈，整个社会的困境也影响到了沈阳冶金研究所——没有流动资金，没有钱买研究材料。这时，又有人打起这枚钛徽的主意。研究所领导怎么会不知道这 73 公斤钛的价值？可他们更知道，这个作为我国钛工业发展的重要标志性见证，是个无价之宝！

最后，在研究所领导带动下，大家群策群力渡过难关，这枚钛徽到底是没舍得动用。

2012 年，当沈阳冶金研究所的领导得知中国工业博物馆正在征集文物时，他们主动联系到博物馆，准备把这枚珍贵的钛徽捐给博物馆。

研究所的几位领导小心翼翼地抚摸着他们的镇所之宝，一遍遍地讲述着钛徽的珍贵，讲述着这枚钛徽陪伴他们度过的一个又一个难关，就像父母要把自己心爱的女儿嫁出去一样。可是，他们说，女儿是只凤凰，但遇到了中国工业博物馆这棵梧桐树，此时不嫁更待何时？今天把它捐给博物馆，让它在那里安家，让人们永远记住这段难忘的历史。

工人饭箱

也许人们没有注意到，沈阳南五马路两洞桥西侧的那组工业雕塑《晨曲暮歌》，那些像风一样骑着自行车在马路上飞驰的人，几乎每辆自行车的后架上都夹着一个饭盒，这就是工人们的午餐。

从那个时代走过来的人都还记得，当时沈阳大大小小的马路上，上下班的工人自行车大军，可以说是一道亮丽的风景，而每辆自行车后架上夹着的那个饭盒，则是这道亮丽风景中一个生动的细节。

为了中午能吃上热饭，工人们自己发明了一种简易的热饭用具——蒸饭箱。

在中国工业博物馆的铸造馆里，就展示着一件似乎与工业生产毫无关系的生活用具——蒸饭箱，它看起来就是一个普通带盖的长方形的铁皮箱，打开上面的盖子，可以看到箱子的底下有一个钢筋焊的铁箅子，箅子下面的一侧有一个孔，箱子外面与孔相对应的位子焊了一小段钢管。

从中华人民共和国成立初期到改革开放前近30年的时间里，由于工人的生活水平和企业的条件限制，沈阳的一些企业或者没有工人食堂，或者有些工人为了省下那几毛钱选择自带午餐。

65岁的徐凤琴就曾经是沈阳自行车大军中的一员。1978年她从青年点抽调回城，在沈阳风动工具厂做车工。工厂里有食堂，食堂里的饭菜也不贵，四两米饭一角钱，一个炒青菜才两角钱，但是，她舍不得花这个钱，如果把这每天午餐的钱省下来买青菜,够全家人吃的了。她每天带上一个大号的铝饭盒，装上1∶1的高粱米和大米，每天到工厂后，把米淘洗干净，兑上适量的水，到了中午，一盒喷香软糯的“二米饭”就蒸熟了。她从里面舀出一些来，配上自己从家里带的青菜，一顿午饭就解决了。剩下的米饭带回家，奶奶最爱吃这种软糯的米饭了，还省了家里的煤气。

这种简易的蒸饭箱是工人们自己发明的，用管道把工业用的硬气或茶炉的蒸汽送到蒸饭箱，饭盒放在铁箅子上，用蒸汽把饭加热或把米蒸成饭。当时企业根据车间的人数多少，都有一个或大或小的蒸饭箱，工人上班后，每个班组的饭盒用一个铁条焊的筐提着放到蒸饭箱里，中午取回围坐在一起就餐，互相品尝各自的美味。

工人蒸饭箱就是这样简单重复默默地为工人服务。如今各大企业宾馆化的食堂早已取代了旧式的蒸饭箱，快餐盘取代了饭盒。为了让我们的后代不忘过去艰苦创业的历史，了解我们的前辈走过的不寻常的历程，中国工业博物馆把沈阳铸造厂大型车间的这个普通蒸饭箱收藏起来，成为特殊的反映工人生活的文化符号，成为工业精神的真实物证。

熄焦车头

中国工业博物馆的南广场的轨道上，静静地停放着一辆20世纪50年代的熄焦车头。它像一辆小型的矿山用电力牵引机车，但这可是炼焦厂专门用来牵引熄焦车的车头。炼焦厂是特级防火单位，所用的全部电气设备均要求具备防火防爆功能，尤其是对运动的牵引设备要求更高，所有的继电器、接触点都要满足防火防爆要求。因此，熄焦车头有较高的防火技术等级，因为它要牵引熄焦车在厂区穿行。这件藏品恰恰是这样一件高技术等级的设备，服役期间安全运行了半个多世纪。它作为众多设备的代表，从沈阳炼焦煤气厂征集到中国工业博物馆。

沈阳炼焦煤气厂建于1958年，位于铁西区北四西路六号，占地13万平方米，是沈阳第一座炼焦煤气厂，也是唯一的人工煤气生产企业，拥有58型焦炉3座。该型焦炉是当时国内同行业最先进的设备，每年为沈阳的企业提供45万吨冶金焦炭，为企业和居民提供2.2亿立方米焦炉煤气，占全市总煤气需求的30%，为全国的相关企业提供5500吨的粗苯，5000吨的硫氨，20000吨的焦油。20世纪五六十年代，我国的工业刚刚起步，还没有足够的电和气用于生活，城市多数家庭使用煤和柴火做饭，当时用煤气做饭可是件了不起的事，这煤气就是沈阳炼焦煤气厂提供的。沈阳炼焦煤气厂日产焦炭1200多吨，只有两台熄焦车头，它每天牵引数辆熄焦车奔驰在繁忙的厂区，24小时歇人不歇马，一天运焦炭达600多吨。按照铁路货车每节载重50吨计算，能装满12节货车，然后又源源不断地运到各大企业用于高炉炼铁，可谓小小熄焦车，大大贡献者。

从1958年建厂到2010年沈阳炼焦煤气厂搬迁改造在开发区建现代化新厂，熄焦车头辛勤耕耘52年，终于退休了。它不仅是工厂的功臣，更是沈阳炼焦煤气行业的功臣。作为不可复制的珍贵遗产，把其中的一辆收藏进博物馆，让它既属于我们这一代人，同样也属于我们的子孙后代，让每一个人都有欣赏、研究和接受教益的机会。

“大茶壶”

中国工业博物馆冶金馆系统地展示了冶金工业的四大流程——采矿、选矿、冶炼、加工，每一个流程的展区都有大量珍贵藏品。其中，冶炼展区有一件大茶壶模样的藏品，它是由抚顺铝厂（以下简称抚铝）捐赠的20世纪50年代的真空铝水包。

这件在铝厂收藏了半个多世纪的真空铝水包，展示了铝提取过程的独特性，讲述着抚顺铝厂不平凡的经历和中国铝业的历史。说到铝，它的提取过程非常特殊。

普通的金银铜铁的提取是经过高炉高温将矿石熔炼成水，然后从炉口流出，由敞口的水包将水运送到铸锭或铸件处。铝的提取是将铝矿粉放入地平面以下的电解槽内，通过对阴极和阳极加电，在强大电流的作用下，铝矿被电解成铝水，由于铝水在地平面以下的电解槽内，无法自然流出，所以就必须采用特殊的设备将其取出，这个特殊的设备就是真空铝水包。

真空铝水包通过真空原理将铝水从电解槽内吸出，运送到铸锭或铸件处。这个最早见证铝由水到锭过程的真空铝水包，抚铝人一直把它珍藏，因为它见证了抚铝和中国铝业。

抚顺铝厂的前身是由日本南满铁道株式会社与伪满政府共建的满洲轻金属株式会社。1948 年 11 月 1 日抚顺解放，建立了抚顺铝厂，并很快恢复生产，积极支援全国的解放。1951 年 1 月工厂开始进行一期、二期扩建，被国家列入“一五”“二五”计划，并同时列入苏联援建 156 个项目的两项。经过多年不懈的努力，抚顺铝厂成为中国最大的铝厂，中国第一家轻、稀有色金属综合性大型冶炼和加工企业，它为新中国生产出第一包铝水、第一块镁锭、第一炉工业硅、第一吨海绵钛，为我国卫星上天，导弹发射，航空航天，神五飞船做出了贡献，是中国铝、镁、钛、硅工业的摇篮，是中国铝业发展历史的缩影。改革开放前，抚铝一直承担全国60%铝的生产。毛泽东、邓小平、江泽民等40多位党和国家领导人到抚铝视察，称抚铝是“老母鸡”。抚铝在自己发展的同时，积极支援全国，全国各地新建铝厂都有抚铝派出的干部和技术骨干。几十年来，累计派出数千人，祖国的各大铝厂都有抚铝人辛勤耕耘的身影。

如今抚铝的技术、抚铝的管理、抚铝的精神已经在祖国的大江南北，长城内外开花结果。斗转星移，2009年以来铝价连年下跌，企业严重亏损，2010年11月22日抚顺铝厂宣告破产。只有这个真空铝水包在默默诉说抚顺铝厂80年的不平凡历史，它也让我们永远铭记中国铝业的军功章有抚铝的一半。

庞然大物

它长22.5米，宽2.3米，高1.67米，重达115吨，就算是对铸造专业比较熟悉的工人，也未必知道如此之大、如此之重的庞然大物是做什么的。如今，它在中国工业博物馆铸造馆安了家。

这个超大的家伙于2009年诞生于北京第一机床厂，它叫双柱立车横梁，是大型立式车床的一个球墨铸铁部件毛坯。

自20世纪80年代开始，北京第一机床厂不断引进和采用世界一流技术，与德国瓦德里希·科堡公司进行技术合作，生产工作台宽1米至11米，工作台长3米至30米的各种形式的数控龙门镗铣床和龙门加工中心，成为世界上少数能生产高精度、超重型数控龙门镗铣床等多个型号重型机床的厂家之一。

2005年11月北京第一机床厂收购了多年的合作伙伴德国瓦德里希·科堡公司，11米双柱立式车床成为他们的主要产品之一。其中的核心铸件立车横梁技术要求极高，国内没有生产的先例。

2009年北京第一机床厂的工程技术人员在没有超大型砂箱、没有超大型熔炼设备的情况下，克服了重重困难，反复试验攻关，在科学论证的基础上，采用地坑法多包连铸，顺利完成了这个可以称作大国重器的11米双柱立车横梁。

第一机床厂重型铸造分厂的工程技术人员，一次浇铸成功，经专家组严格检测，各项技术指标均达优良的水平，创造了2009年的世界之最！为了展示大国的铸造文化，北京第一机床厂把这个创造世界之最的大型机床部件，以毛坯的原始状态展在车间长达两年之久。

作为中国铸造行业具有里程碑意义的铸件，2011年被中国工业博物馆征集。因为有些桥梁和公路不能承受它的重量,博物馆的工作人员为了安全将其运回馆里，制定了详细的运输方案，设计了科学的运输路线，最终，使用超重型运输设备，路上曲曲折折走了整整七天到达沈阳市铁西区区界。

为了安全通过市区，中国工业博物馆请区交通大队帮助，在区交通大队的积极支持下，由警车开道引路，这个庞然大物顺利通过市区，安全抵达沈阳中国工业博物馆。等待许久的装卸设备已经就位，在三台大型吊车的协同作业下，才把这个庞然大物妥妥地安放。

看到博物馆对这件藏品如此重视，北京第一机床厂的领导说，我们终于为亲手创造的奇迹找到了永久的家，它不仅是属于北京第一机床厂的荣耀，它更是属于中国铸造的荣耀。

铁人精神

2013年6月初，中国工业博物馆收到一个来自大庆1205钻井队的邮件，邮件重70多公斤。工作人员小心翼翼地打开包装箱一看，是1205钻井队使用过的刹把子和牙轮钻头。

1205钻井队的胡志强队长在电话中介绍说，这是他们精心选择的两件藏品。他说1205钻井队到目前一共22任队长，这个刹把子和牙轮钻头是多任队长使用过的，虽然设备更新，这样的刹把子早已不用，但这些曾为我国的石油工业立下汗马功劳的设备，钻井队一直舍不得丢掉。这两件藏品他们已珍藏多年，这次捐给中国工业博物馆展示，也是他们的光荣和责任。

大庆是全国工业的一面旗帜，铁人精神是中国工业精神的组成部分，中国工业博物馆应该有体现大庆精神的藏品，于是博物馆想办法和大庆取得联系。而与大庆 1205 钻井队的结缘，可以说是工作人员心心念念的结果。

2013 年 4 月 30 日，工业博物馆副馆长在中央电视台新闻联播中看到习近平主席接见 1205 钻井队队长胡志强等全国劳模代表的报道，顿时眼睛一亮，第二天就给胡志强队长写了一封征集函，用特快专递发出。一周后胡队长亲自回了电话，非常支持中国工业博物馆的想法，认真帮博物馆选择两件他们珍藏多年有代表性的藏品。

其实，沈阳也对我国石油工业的发展做出过很大贡献。20 世纪 50 年代初，甘肃省兰州石油化工厂进行改扩建，当时，距兰州两千多公里的沈阳矿山机器厂、沈阳鼓风机厂、沈阳气体压缩机厂、沈阳铸造厂、沈阳标准件厂等一批企业，为兰州石油化工厂建设输入管理人员、工程技术人员及生产骨干千余人，提供产品设计图纸千余件。1958年，兰州石油化工厂改扩建工程完工，投入生产。可以说，这个被誉为新中国石化工业的“摇篮”、我国西部集炼油、化工为一体的大型石化企业的血管里，有咱沈阳工业输的血。大庆1205钻井队的老队长铁人王进喜就出生在甘肃，并且曾经是玉门油田的钻井工人。

看到1205钻井队使用过的钻头，仿佛又看到了当初铁人王进喜那一代开创者的豪情以及他们“为国分忧、为民族争气”的爱国主义精神、“宁可少活20年，拼命也要拿下大油田”的忘我拼搏精神、“有条件要上，没有条件创造条件也要上”的艰苦奋斗精神、“干工作要经得起子孙万代检查”“为革命练一身硬功夫、真本事”的科学求实精神和“甘愿为党和人民当一辈子老黄牛”埋头苦干的奉献精神……铁人精神无论在过去、现在和将来都有着不朽的价值和永恒的生命力。

耄耋心愿

2013年国庆节，中国工业博物馆迎来了一位长者，他拿出自己的身份证、火车票和已经发黄的工作证，告诉工作人员，他是从甘肃兰州特意来参观的。

博物馆工作人员一边为他认真讲解每一件藏品，一边听长者聊起他的经历。原来，老人名叫于学善，已经84岁。1949年，于学善在齐齐哈尔参加工作，是新中国第一代铸造工。建国初期，工厂的条件十分简陋，工人们为了加快工作进度，不仅加班加点，还自己琢磨着制作一些工具，为当时的生产解决了很多难题。

20 世纪 60 年代，国家号召支援三线建设，于学善找到组织问要不要铸造工人？组织上问："你要报名吗？" 于学善说："是啊。你看人家马恒昌，在沈阳干得好好的，为了支援咱齐齐哈尔，说来就来了。我这是在向马恒昌学习。"

于学善说，当时支援三线的任务紧急，全家简单准备就出发，很多生活必需品都无法带，可他却把精心制造的那些心爱之物一同带到了大西北，并在大西北创业立下汗马功劳。半个多世纪过去了，现在的工厂早已经见不到这些自制工具了，这可不是简单的工具，这是那一代人的心血，那一代人精神的结晶。

已经耄耋之年的于学善，看着这些心爱之物，不知如何安置。当他听说沈阳建了中国工业博物馆，还专门设了一个铸造馆，就不顾年事已高，不顾家人的劝阻，专程赶到沈阳，赶到中国工业博物馆。

于学善老人一边参观，一边不时地发出感叹：真是名不虚传！沈阳不愧为"共和国工业长子"，沈阳人有胸怀，有远见，如此规模的铸造厂，如此珍贵的市中心黄金宝地，竟能拿出来建博物馆，太让我感动了，太让人敬佩了。

于学善老人说：“铸造在中国已经有5000多年的历史，铸造是工业中最基础的工序，一台普通的机械有75%的零部件是铸造的，我们的衣食住行都离不开铸造，我干了一辈子铸造，铸造文化博大精深，有心的沈阳人建这么专业的博物馆在全国还真是第一个，这不仅为中国铸造文化传承搭建了平台，也是对世界铸造文化发展的贡献。看了这个馆，我这些心爱之物有着落了，我要把它们捐给博物馆让它们在这里永远安家。”

于学善老人回到兰州后，认真选择了50件有代表性的工具，用特快专递寄到博物馆。经专家鉴定，这批工具多件属于孤品，其中的一组红铜提勾，堪称铸造博物馆工具类藏品中的精品。博物馆为于学善老人颁发了捐赠证书，并破例聘请他为志愿者。

一根钢轨

中国工业博物馆通史馆中一个长形的展柜内静静地陈放着一段旧钢轨，上面刻着俄文和 1900 的字样，展柜的上方挂着一幅中东铁路的地图，这两件普通的藏品记录着一段不寻常的历史，讲述了中东铁路修建的故事，诉说着清政府腐败无能丧权辱国的罪恶。

说起来，沈阳铁西区名字的由来，还和这条铁路有关。

1891 年，沙俄修建西伯利亚铁路，就预谋着修建一条深入中国内陆的支线。甲午战争后，中国向日本赔款，财政拮据，沙俄乘机与清政府签订《中俄四厘借款合同》，提供贷款，以图控制中国。

1896年，也就是光绪二十二年，清政府特使李鸿章赴俄参加沙皇的加冕典礼。年近七旬的李鸿章这次出行，除了带上自己的两个儿子，还带上了自己的棺材，可见，他是抱着誓与列强争个高低的决心。然而，他背后，那即将走向终点的大清帝国，已经很难在谈判桌上为他带来任何强有力的支撑了，他无奈与沙皇签订《中俄御敌互相援助条约》（也就是后人称的“中俄密约”），允许俄国在我国境内修建铁路，所属权利归俄国，李鸿章只能在铁路的名称上抗争一下，最终，太平洋西岸的铁路，被命名为“大清东省铁路”，简称“中东铁路”。

1897年8月铁路开工，修筑铁路的物资和人力几乎完全来自铁路沿线。在这两条伴随屈辱而生的冰冷铁轨上，一幕绵延百年的大戏就此上演。

1900年，义和团反帝运动席卷中国北部，大清帝国如同一个回光返照的巨人，进行了最后一次抗争，向英、美、法、俄宣战，东北地区义和团高举“兴清灭洋”大旗。6 月，中东铁路建设工程暂停。7 月，义和团和清军官兵联合围攻哈尔滨，占领并焚毁了中东铁路的中心机关，烧毁松花江火车站内全部机车。8 月 2 日，俄国援军乘船抵达哈尔滨，进而占领东北各地，义和团运动被镇压下去。清政府无奈议和。

1903 年 7 月 14 日，中东铁路全线通车。以哈尔滨为中心，西至满洲里，东至绥芬河，支线宽城子至旅顺，全长约 2400 公里。

多年以后，力主修建这条铁路的俄国财政大臣维特，在自己的回忆录里写道：“**在当时，瓜分中国是远东问题的实质，各国的当务之急，是如何从这些衰朽的东方国家，特别是从庞大的中华帝国的遗产中，尽可能分得大的一份。**”

当时，中国人还没有地理考察的概念，只有很少的几本地理书籍。但俄国科学研究人员，每到北方的湖泊和湿地结冻的时候，都要深入考察。两相比较，俄国学者甚至比中国人还了解中国。

弱，就意味着挨打。那个内外交困的衰落帝国，最终难逃任人宰割的下场。伴随着这条丁字形铁路的延伸，一种被称为“铁路附属地”的殖民地形式同时出现，铁路左右各10—15公里，以及沿线车站周围更大范围的区域，都属于铁路所属国管辖。

一直垂涎我国东北的日本，不甘俄国独吞这块肥肉，1904至1905年，在我国领土进行了一场日俄战争，俄国战败。1905年8月，由美国调停，日俄在美国签订《朴次茅斯和约》，像分赃一样，将朝鲜和中国东北南部让给日本，这样长春宽城子以南的中东铁路就变成了“南满铁路”，成了日本掠夺中国资源的工具，铁路沿线的木材及本溪、抚顺、辽阳、鞍山的钢铁和煤炭被源源不断地运出去，那时日本在向全世界贩卖他在中国掠夺的资源。

日本在东北设立了关东州，派驻关东军。1905年，日本在南满铁路西侧（这就是铁西区名字的由来）建立第一个工厂，从此日本的野心不断膨胀，由经济掠夺到武装侵略。

这正是：一条中东铁路，半部近代史。中东铁路早已成为人民铁路，为了让我们的后代永远记住这段历史，中国工业博物馆在扎兰屯一位老教师家征集到这一段他收藏了半个多世纪的中东铁路钢轨。

难忘 5 · 18

2012 年 5 月，中国工业博物馆的工作人员应重庆大学邀请赶赴重庆，去迎接一件重要的藏品——中国第一张工业 CT 片。重庆大学为此举行了隆重的捐赠仪式。

1971 年，英国科学家发明医用 CT 机，随后引入我国。大多数人都已经熟悉，CT 机是医学诊断的重要辅助设备。20 世纪 80 年代，发达国家把 CT 用于工业，它成为国防、航空航天工业产品重要的检测手段。然而，我国在工业领域对 CT 的应用一直是空白，发达国家对我国进行技术封锁,严重制约了我国在这些领域的发展。

重庆大学的科技工作者，为打破发达国家的技术封锁，解决我国在这个领域的难题，经过多年不懈的努力，终于在1992年制造出我国自己的工业CT样机，并在同年的5月18日成功拍出我国第一张工业CT片。

它的意义有多么重要？在中国航天博物馆展出的长征一号、二号火箭与发射出去的火箭一模一样，这是真的火箭，只不过没装载燃料，而展出的长征三号以后的火箭就都是仿真模型了，为什么会有真有仿呢？因为那时我国没有工业CT机,无法对内部进行精准的检测,在制造类似火箭这种重要产品时，都需要有备份，就是要制造一个以上的备用品，以防产品出现人眼不易发现的疵点。这大大增加了产品的生产成本，制作周期，无可避免地造成了很多浪费。

自从有了工业CT机检测，生产检测成本大幅度降低。3D非破坏性试验能够对内部故障进行快速精确的分析，数据将重新构建，然后借助于CT的软件对该产品的数据进行处理分析。如果把CT检测分析用在汽车制造上，能把汽车上的各个零件都控制在标配中，那么高质量的汽车就生产出来了；用在航空航天上，那更是如虎添翼。

重庆大学拍出的有着我国工业发展里程碑意义的第一张 CT 片，结束了我国无工业 CT 的历史，同时也开始了工业 CT 在重要工业领域的应用，它的珍贵程度可想而知，重庆大学把这张珍贵的 CT 片珍藏在学校的档案室整整二十年。当得知中国工业博物馆 2012 年 5 月 18 日开馆的消息时，他们决定把这张与博物馆同月同日诞生，只是比博物馆年长二十岁的珍贵 CT 片捐给中国工业博物馆永久收藏和展示。

机械手

在中国工业博物馆铸造馆有一件酷似小型起重机的藏品，它全身黄色，由电动液压系统、控制室和一只关节式机械臂及机械手组成。它可以原地 360 度旋转，用灵巧的机械手将 1000 多度高温、重达几百公斤的铸件轻轻抓起放到指定的位置。这就是由济南铸造锻压机械研究所研制并捐赠给中国工业博物馆的我国第一台主—从控制关节式机械手样机。

我国有 5000 多年铸造的历史，从青铜到铁经历了漫长的发展过程，一直到中华人民共和国成立前，铸造行业主要都是手工劳动，很少有机械。中华人民共和国成立后，铸造产业得到了飞速发展，截至2000年，我国已成为世界第一铸造大国，有铸造企业2.2万余家，职工达120余万人，铸铁的产量达1395万吨，有几百条造型线、制芯线、铸造流水线。

济南铸造锻压机械研究所成立于1956年，是我国铸造行业重点研究机构之一，半个多世纪以来，完成国家部省市重大科技项目3000多项，取得国家专利100多项，取得国家科技进步奖，发明奖100多项，创造多项国家第一。我国第一台主一从控制关节式机械手样机就是为了适应企业发展的需要，经科研人员多年攻关，反复实验，于20世纪80年代初取得的成果。它不仅填补了我国铸造机械人的空白,更解决了企业生产的急需。

机械手批量生产以来，已经有数千台机械手工作在几百条生产线上，使我国铸造机械化水平大幅提升，为我国铸造行业赶超世界先进水平做出了卓越贡献。如今铸造用机械手，经过几十年不断的升级换代，已经由当时的继电器控制手工操作，发展到了智能控制和互联网+的时代。但是这台机械手的样机作为济南铸造锻压机械研究所科研工作者辛勤汗水和智慧的结晶，作为中国铸造技术里程碑意义的见证它将永久收藏在博物馆，启迪我们的后代，热爱科学，勇于探索，为实现中华民族伟大复兴的中国梦不懈努力。

馆牌无声

中国工业博物馆南院广场，5吨冲天炉右前方草坪的一片小坡地上静卧着一块大大的铸铁牌子，上面有5个铜做的大字——铸造博物馆，它恰好处在现在铸造馆的右侧。

很多细心的游客看到都要问一句：这是铸造馆的馆牌吗？答案：不是。它是真真正正的铸造博物馆的正门馆牌。

为什么这么大又放在离门这么远的地方？铸造博

物馆是铁西区历史上的第一个博物馆，也是中国工业博物馆的前身，可以说，没有铸造博物馆，就没有中国工业博物馆。2002 年 6 月 18 日，沈阳市决定将铁西区和沈阳经济技术开发区合署办公，拉开了铁西区建设的历史新篇章，也拉开了铁西区企业东搬西建的序幕。截至 2006 年，已有 100 多家大型企业搬到了开发区，为铁西区留下了大量工业遗存。而这些工业遗存的普查和保护就显得尤为重要。经过认真的普查和梳理，并征得多方专家的意见，铁西区决定在沈阳铸造厂原址建一座工业博物馆，记录沈阳深厚的工业文化历史。

为什么选沈阳铸造厂？为什么叫铸造博物馆？原因有三：第一，沈阳铸造厂曾经是亚洲最大的铸造厂；第二，铸造厂大型车间的原址，保留了车间的全套设备，这些设备代表当时国内最先进水平，每一件都是难得的珍贵藏品；第三，我国有 5000 多年的铸造历史，铸造是近现代加工工业的第一道工序，铸造不仅铸造产品，更铸造迎难而上、坚不可摧的工业精神，因此定名铸造博物馆。博物馆 2006 年 9 月开工建设，2007 年 6 月 18

日开馆。博物馆占地30000平方米，建筑面积18000平方米，原汁原味地展出了铸造厂系列大型设备——亚洲最大的储砂池，当时最先进的砂处理线，四座冲天炉，两座中频炉，六座地坑炉，两座烘干窑，三座焖火窑，一座抛丸室，20多台各型天吊等，同时在西侧两跨展出铁西100年工业史。博物馆受到各界的高度评价和普遍欢迎，截至2010年10月，共接待观众150000多人次，举办省市级和涉外大型活动几十次，取得了远超预期的良好社会效益。为不断丰富博物馆内涵，承担起共和国工业长子对工业文化传承的担当和使命，在省委老领导的提议和倡导下，各级管理部门一致同意把铸造博物馆改扩建成中国工业博物馆。就此，铸造博物馆完成了短暂而光荣的使命，而它的正门门牌就成了今天中国工业博物馆珍贵的藏品，让人们记住这段不平凡的经历。

后记

经过两年多的努力，《巨变观澜》终于完稿，要和读者见面了。《巨变观澜》是以新中国工业发展的历程为大背景，以沈阳在中国工业发展史上做出的贡献为主线，以沈阳工业的百年历史、数百第一、百位劳模，万件藏品为聚焦点，用故事讲事、讲人、讲精神，展示沈阳作为装备制造业之都和共和国长子为新中国工业体系形成做出的卓越贡献，通过回顾沈阳跌宕起伏波澜壮阔的发展历程，实现凤凰涅槃浴火重生的伟大壮举，让读者感受岁月变迁和家国情怀，在巨变中观澜，品读沈阳工业文化的芳香。

沈阳作为国家历史文化名城，有7000多年的人类活动史，2300多年的建城史，390多年的建都史，发生过震惊中外的皇姑屯事件，打响了中国14年抗日战争的第一枪，囊括了以沈阳故宫、大帅府、九一八纪念馆、中国工业博物馆为代表的丰富的清文化、民国文化、抗战文化和工业文化。清文化、民国文化、抗战文化作为中国文化发展史的重要组成部分，已有众多学者展开多维度、深层次的研究，取得了丰富的成果。而工业文化作为现当代文化，相关研究起步晚，其成果远满足不了沈阳大文化建设的需要和广大青少年对工业文化普及的需求及渴望。以中国工业博物馆建成为标志，沈阳工业文化挖掘保护利用进入了快车道。作为有深厚工业文化情感的我，非常庆幸参与创作，更让我庆幸的是我父亲是一名在铁西区工作三十多年的老群众文化工作者，对工业文化有多年的关注和研究，亲自参与策划铁西首届工人文化周、沈阳市首届工业文化论坛，并作为铸造博物馆和中国工业博物馆主要筹建者，到全国多省近百个企业、大学、科研院所征集藏品，全程参与铁西工业文化的挖掘保护利用，积累了大量的资料和素材，为我写作本书提供重要基础和依据。在本书长达两年多的写作过程中,我阅读了我父亲积累的近千万字的资料和笔记，亲自到铁西开发区、工人村、工人村生活馆、劳动公园、建设大路、铁西广场、北二路、重型广场、红梅企业旧址、中国工业博物馆等实地考察学习，查阅了国家图书馆大量的相关资料,请教过工业领域多位相关专家学者，初稿形成后又进行了三次系统的修改补充和完善，确保为读者讲好每一个故事，传播好工业文化正能量。

本书在编写过程中得到沈阳出版社赵长伟老师的指导和指教，得到苏开老师和江松颖老师的帮助，得到顾问团队的支持和亲人们的鼓励，一并表示诚挚的谢意！

限于时间和水平，编写过程中舛误在所难免，望读者给以批评指正。

2018 年 9 月